사람이 여물어 교회가 꽃피다

믿음이란 한 알의 밀알이 땅에 떨어져 죽음으로 많은 열매를 맺음과 같이 진리의 열매를 위하여 스스로 죽는 것을
뜻합니다. 눈으로 볼 수는 없으나 영원히 살아 있는 진리와 목숨을 맞바꾸는 자들을 우리는 믿는 이라고 부릅니다.
「믿음의 글들」은 평생, 혹은 가장 귀한 순간에 진리를 위하여 죽거나 죽기를 결단하는 참 믿는 이들의, 참 믿는 이들을
위한, 참 믿음의 글들입니다.

사람이 여물어 교회가 꽃피다

사람이 여물어 교회가 꽃피다

이국진 지음

홍성사

들어가는 글

따뜻한 시선으로, 사랑하는 마음으로

저는 이국진 목사님을 유학 시절부터 알아왔습니다. 그래서 이 책을 읽으면 목사님의 다양한 표정이 눈에 선하고, 마치 그와 함께 대화를 나누는 것 같습니다.

책의 서문을 부탁받고 잠시 고민했습니다. 무턱대고 좋게만 쓰고 싶지 않았고, 이 글을 통해 이국진 목사님과 교제하게 될 독자들에게 정직하고 싶었기 때문입니다. 독자들은 글을 통해 저자를 만나지만, 저는 글로 만나기 전부터 저자를 잘 알고 있던 사람입니다. 독자들이 이 글을 읽을 때 조금이라도 도움이 되고 싶은 마음에 몇 자 적습니다. 이 글들 안에는 저자에 대한 다음과 같은 특징이 두드러집니다.

첫 번째는 일상에서 일어나는 일들에 관한, 신약학 전공자의 텍스트를 읽는 예리함입니다. 그냥 넘어갈 수 있는 일들을 예리한 신앙인의 눈으로 읽어 내고, 그것에 대한 본인의 노련한 해석을 제공합니다. 두 번째는 목회자의 따뜻함입니다. 이국진 목사님은 목회자의 따뜻한 시선으로 사물을 관찰합니다. 비판적인 글을 쓰는 순간에도, 그곳에는 목회자의 따뜻함이 묻어납니다. 아들을 훈계하는 아비의 마음입니다.

제가 이 책을 추천하는 이유는, 이국진 목사님이 교회를 사랑하는 마음을 가진 목회자이기 때문입니다. 이 글을 읽으면서 독자들은 내내 그의 교회 사랑을 느끼게 될 것입니다. 그의 교회 사랑은 예수 사랑과 다름이 아닙니다. 오늘 한국 교회가 반드시 회복해야 할 영성이 있다면, 그것은 다름 아닌 예수 사랑의 정신일 것입니다. 특별히 젊은 그리스도인들에게 일독을 권합니다.

국제신학대학원대학교 신약학 교수

이강택

● 조정희(신부산교회 담임 목사)

30년을 교제한 이국진 목사님은 상황에 따라 말을 바꾸는 분이 아닙니다. 말은 저렇게 하지만 생각은 어떨까 하는 의구심을 갖게 하지 않습니다. 모르는 것을 아는 척하지 않고 언제든지 자기 생각을 수정할 마음을 가진 분입니다. 그러면서도 그리스도인이라면 누구나 관심 가질 만한 이런저런 이야기를 편하게 말합니다. 이국진 목사님의 글은 한쪽으로 치우치지 않으면서도 번뜩이는 통찰력이 있습니다. 누구나 편하게 읽으면서 바른 생각을 할 수 있게 도와주는 좋은 글을 기쁘게 추천합니다.

● 박성규(부전교회 담임 목사)

이국진 목사님의 글은 생활의 단상을 넘어섭니다. 목사님 평생의 성경 묵상과 신학 수업 그리고 목회 현장의 고뇌를 깊이 있는 사색의 산물로 펼쳐 냅니다. 사색은 없고 검색이 판치는 세상에서, 목사님의 글은 우리로 하여금 깊이 묵상하고 스스로를 돌아보게 합니다. 목사님과 약 30년을 동역한 저는, 그의 신학적 깊이와 비옥한 영성, 후덕한 인격과 치열한 현장성을 잘 알고 있습니다. 그래서 이 책이 수많은 현대인들에게 깊이 있는 묵상의 우물을 퍼 올리는 마중물을 제공하리라 확신합니다.

이 책은 목회자로 지내면서 경험한
일들, 소소한 일상들, 시사 쟁점
등을 성경적 관점으로 풀어 쓴
따뜻한 글입니다. 다양한 삶의
궤적에서 만나는 사람들에 대한
이국진 목사님의 따뜻한 배려를
느끼며, 저 또한 사역자로서
기쁨과 소망을 느낍니다. 성경적
통찰과 깨달음을 겸손한 고백으로
담아낸 목사님의 글을 우리의
삶에 적용해 볼 것을 기대하면서
추천합니다.

목회 현장에서 느끼는 마음을
글로 표현한다는 것은 쉽지 않은
일입니다. 그런데 이국진 목사님은
우리가 무엇을 생각하며
신앙생활을 해야 하는지 그리고
믿음을 지킨다는 것이 무엇인지를
예리하고도 따뜻한 시각으로
보여 줍니다. 많은 분들이 이 책을
통해 다시 한 번 자신의 신앙을
생각하고 되짚어 보면 좋겠습니다.

글은 작가의 마음을 비추는
거울과 같습니다.《사람이 여물어
교회가 꽃피다》가 담고 있는
자전적 신앙 에세이들은 한 문장
한 문장이 감미롭게 울리는
음악처럼 귓가에 맴돕니다. 현대
사회 곳곳에서 많은 이들이
심각한 피로를 호소합니다. 분명
이 책의 그윽한 음색은 다윗의
수금처럼 낙심자에게 위로와
평안의 선물을 줄 것입니다. 많은
분들이 이 책을 통해 목자의
음성을 듣기를 바라는 마음으로
일독을 추천합니다.

차례

1부

: :

못생긴

소나무가

산을

지킨다

하나님은 그를 신실하게 섬기는 사람
7천 명을 남겨 놓으셨다

아마 내가 틀렸을 수도 있다. 청년부 겨울 수련회 강사로 와서 겨우 며칠 동안 대화를 나누고 피상적인 관찰만 한 것뿐이니, 그 소량의 정보만으로 한 사람을 평가한다는 것은 처음부터 잘못인지 모른다. 아직 보지 못한 부분이 많고, 더 나아가 나를 수련회 강사로 초청해 주신 목사님이니, 내가 그분에 대해 갖게 된 생각은 처음부터 당파성을 가진 것임에 틀림없다. 그럼에도 불구하고 나는 목사님에 대한 글을 쓰고 싶었다. 지금부터 써 내려가는 내용이 실제를 반영하지 않는다고 해도 괜찮다. 적어도 이 글은 오늘날 한국 교회를 바라보면서 내 마음속에 자리 잡고 있는 깊은 갈망이자 소망이기 때문이다.

목사님을 안 것은 꽤 오래전이지만, 그동안 서로 교제가 없다가 최근에야 서로 연락이 닿았다. 23년 전에 만난 목사님은 인재 중에서도 인재셨

13

다. 그런데 목사님은 미국에서 유학을 마치신 후, 한 대학촌에서 소박하게 목회를 시작하셨다. 15년이 지난 지금, 목사님의 나이가 50세를 바라보고 있으니 이제야말로 야망을 품고 더 큰 사역지로 옮기고 싶다는 생각이 간절한 때일 수 있다. 이 시기를 놓치면 옮길 수 있는 기회가 희박해질 테니 말이다. 하지만 목사님은 그러실 생각이 전혀 없어 보였다. 파키슨병으로 소천하신 아버님을 근처 공동묘지에 모시면서 어머님과 다른 가족들을 위한 자리까지 마련하고 있기 때문이다.

적어도 내 눈에는 목사님이 그곳에 계속 계셔야 할 이유가 전혀 없어 보였다. 대학생을 주요 대상으로 삼는 교회는 사례비가 넉넉지 않아서, 사역자들이 생활하는 데 재정적인 어려움을 겪는 경우가 많기 때문이다. 나를 맞이하기 위해 목사님이 타고 오신 차는 아주 낡은 소형차였다. 목사님이 계시는 지역은 눈이 자주 내려서, 당연히 눈 위에서도 잘 달릴 수 있는 멋지고 튼튼한 차를 몰고 오시리라 예상했다. 그런데 목사님의 차는 그 흔한 자동 기능 하나 없어서, 창문도 수동으로 올리고 내려야 하는 오래된 차였다. 건강보험은 그림의 떡이고, 심지어 자동차 보험료를 내지 못해 고생한 적도 있다고 하셨다. 적어도 목사님이 교회를 시무하면서 생활의 조그만 여유를 찾는 것은 요원해 보였다.

목사님은 애초부터 교회당 건물을 짓는 일은 생각도 하시지 않았다고 한다. 건물에 투자하는 일보다 사람에게 투자하는 것이 좋다는 판단에서였다. 건물에 목숨을 거는 수많은 목사들과는 상당히 대조를 이루는 모습이다. 목사님은 대신 학생들을 위해 대학교 강의실을 빌려서 매일 일출 기도회를 갖는다고 한다. 본 교회에서 새벽기도를 마친 후, 대학교에 가서 학생들과 제2의 새벽기도회를 여는 셈이다. 목사님과 사모님은 각각 남학생들과 여학생들을 돌보면서 영적인 성숙을 돕는 데 일주일을 빠듯하게 보내시는 듯했다. 그런데 목사님 말씀에 의하면, 그렇게 정성 들인 학생들은 대부분 3년 전후로 그 지역을 떠난다고 한다. 매 학기 새로운 학생들이 들어오고, 얼마 지나지 않아 또 교회를 떠나는 구조가 반복된다는 것이다. 그렇다면 이곳은 사역자가 오로지 퍼부어 주어야만 하는 선교지이다. 그럼에도 목사님 부부는 혼신을 다해 학생들을 섬기고 계셨다. 청년부 수련회에 나를 초대하신 것도 그런 차원에서였다. 새로 온 학생들이 수련회를 통해 서로를 알아 가고, 신앙적으로 새로운 도전을 받게 하기 위해서 말이다.

목사님은 교회 연합 사역에도 깊은 관심을 가지고 계셨다. 사실 연합 사역은 개교회의 성장에 큰 도움이 되지 않을 수 있다. 그런데도 목사님은 대학교에 갓 입학한 학생들이 교회를 방문하면, 지역의 다른 교회 공동체까지 소개해 주셨다. 학생들이 자신에게 맞는 교회를 잘 찾아갈 수 있도록 도와주시는 것이다. 목사님은 학생들의 영적인 복지가 목적이지, 자신이 시무하는 교회에 더 많은 사람을 끌어모으는 것이 목적이 아니라고 생각하시는 것 같았다.

수련회에서 신앙을 처음 접했다는 사람들과 이 교회에 와서 세례를 받았다는 청년들을 만났다. 신앙 여정에서 잠시 방황한 적이 있으나, 이 교회에서 다시 신앙생활을 하게 되었고, 지금은 청년부 간사로 섬기고 있다는 사람도 있었다. 수련회에 참석한 어떤 학생은 교회의 분위기를 전혀 받아들이지 못하는 새신자도 있었다. 수평 이동으로 교회를 성장시켜 놓고 멋진 교회당을 지으며 그것이 모두 하나님의 은혜였다고 고백하는 사람들의 이야기만 듣다가, 이런 교회를 보니 오히려 생소한 느낌이었다.

수련회를 마치고 집으로 돌아오면서, 나는 엘리야의 이야기를 생각했다. 엘리야가 바라본 이스라엘의 배교 수준은 너무나 심각했고 완전히 절망적이었다. 그래서 엘리야는 하나님께 이렇게 하소연했다. "내가 만군의 하나님 여호와께 열심이 유별하오니 이는 이스라엘 자손이 주의 언약을 버리고 주의 제단을 헐며 칼로 주의 선지자들을 죽였음이오며 오직 나만 남았거늘 그들이 내 생명을 찾아 빼앗으려 하나이다"(왕상 19:14). 하지만 하나님은 엘리야에게 이렇게 대답하셨다. "그러나 내가 이스라엘 가운데에 칠 천 명을 남기리니 다 바알에게 무릎을 꿇지 아니하고 다 바알에게 입맞추지 아니한 자니라"(왕상 19:18).

오늘 우리는 충격적인 이야기를 많이 듣는다. 아무개 목사에 대한 소식들이다. 평소 번영 신학을 설파하던 목사에 대한 추문이다. 그가 비록 한 시대를 풍미했지만, 나는 애초부터 그 목사의 소식에 그다지 충격을 받지 않았다. 무식하면 용감하다고 신학적 빈곤함을 부끄러운 줄 모르고 떠들어 대던 사람이기 때문이다. 그런데 비교적 건전해 보이는 목사들마저 쓰러졌다는 소식은 우리를 당혹스럽게 만든다. 우리를 엄청난 충격의 소용돌이로 몰고 갈 이야기들이 아직 보도되지 않았다는 소리까지 들린다. 지난 토요일에 그 소식을 들은 한 선배 목사님은 하루 종일 아무 일도 하지 못하고 충격 속에 있었다고 할 정도이다. 거물급들이 쓰러져 간다면 우리 같은 피라미들은 어쩌란 말인가?

하지만 하나님의 말씀에 귀를 기울이자. 이스라엘 가운데 바알에게 무릎을 꿇지 아니한 7천 명이 남아 있었다는 사실을 기억하자. 배교는 오늘날 새로이 발생하는 현상이 아니라 역사에서 이미 무수히 반복된 일이었다. 그 가운데에는 제사장과 대제사장도 있었고, 선지자들도 있었으며, 심지어는 예수님의 제자도 있었다.

나는 바알에게 무릎 꿇지 않은 현대판 7천 명 중의 한 명을, 이름도 없이 빛도 없이 묵묵하게 주님의 일을 하고 있는 이 목사님에게서 보았다.

서두에 말한 것처럼, 목사님에 대한 내 판단은 틀렸을 수도, 섣부른 것일 수도 있다. 하지만 하나님께서 이 시대의 조류인 바알에게 무릎 꿇지 않은 7천 명의 사람들을 세상에 남겨 두셨다는 사실은 틀림이 없다. 나는 그것을 진정 믿는다.

자신의 피아르(PR)에 성공한 목사들의 몰락을 보면서 절망할 필요는 없다. 하나님은 그를 신실하게 섬기는 사람 7천 명을 남겨 놓으셨다. 주변에서 타락하고 쓰러지는 사람들이 있다면 우리는 그것을 거울삼아 스스로를 비추어 보아야 할 것이다. 하나님은 탁월한 사람이 아니라 신실한 사람을 찾으신다。

죄악이 신앙에 구멍을 냈다면
성령의 수리하심을 입어야 한다

안전한 길로만 다니는 아내와는 달리, 나는 새로운 길을 찾아 모험하는 것을 좋아한다. 새로운 길을 가면서 주변을 구경하는 것은 내가 갖는 조그마한 즐거움 가운데 하나이다. 지난 주말에 아내와 말씀 컨퍼런스를 갈 때에도 나는 이미 알고 있던 길이 아닌 새로운 길로 가보기로 했다. 그러다가 골목에 있는 집 한 채가 내 눈을 사로잡았다. 온전하였더라면 그런대로 가치가 있을법한 집이 완전히 폐가가 되어 있었다. 마치 영화 속에 등장하는 유령의 집을 보는 것 같았다. 유리창은 심하게 파손되어 있었고, 구멍난 지붕은 땅으로 내려앉아 있었다. 교회로 가면서 아내에게 물었다. "왜 사람이 살지 않는 집은 저렇게 폐가가 되고 마는 것일까?"

사람이 집안에 있으면 사람의 체취 때문에 벌레나 짐승이 접근하지 않는다고 한다. 폐가에는 사람이 없기 때문에 벌레도 꼬이고 쉽게 망가지는 것일까? 어설프지만 내가 내릴 수 있는 최선의 답변은 그것이었다. 하지만 사람이 산다고 해서 벌레가 아예 접근하지 못하는 것도 아닐 테고, 설사 벌레들이 많이 꼬인다고 한들 이렇게까지 망가지는 것이 이해되지 않았다. 사람이 살지 않으니, 불량배나 노숙자들이 들어가 집을 망가뜨리는 것은 아닐까? 또 하나의 그럴듯한 가설이지만, 역시 지붕이 내려앉는 이유를 정확히 설명할 길은 없었다.

그러다가 우리 교회에 강사로 오신 목사님과 그 집에 대해 이야기를 나눌 기회가 생겼다. 학부 때 건축공학을 전공하신 목사님이지만, 그렇다고 전문가적인 답변을 기대한 것은 아니었다. 그런데 목사님께서 하신 말씀은 그날 밤 잠자리에 누워 삶을 곰곰이 생각하게 만든 대답이었다.

"사람이 살지 않는 집이 쉽게 폐가가 되는 이유는 조그맣게 망가진 부분들을 고치지 않기 때문입니다. 지붕에 낙엽이 쌓여서 고인 물이 집안으로 새어 들어온다고 가정합시다. 만약 사람이 산다면 즉시 그 낙엽을 치워서 더 큰 문제가 발생하지 않게 할 것입니다. 하지만 사람이 살지 않으면 조그마한 문제도 처리하지 못하고, 결국 물이 넘쳐서 집안으로 들어오게 될 것입니다. 물이 닿은 부분은 썩게 되고, 결국 제2, 제3의 손상들로 이어지는 것입니다. 유리창이 깨지는 것도 마찬가지입니다. 사람이 산다면, 깨진 창문 사이로 찬바람이 들어오기 때문에 무엇으로든 막아 둘 것입니다. 하지만 사람이 없다면 깨진 창문을 그대로 둘 것이고, 결국 그 깨어진 구멍 속으로 온갖 더러운 물질이 들어올 것입니다. 그래서 사람이 살지 않는 집은 흉물스러운 폐가가 되고 마는 것입니다."

성경은 우리의 몸이 성령의 전(殿)이라고 기록한다. "너희 몸은 너희가 하나님께로부터 받은 바 너희 가운데 계신 성령의 전인 줄을 알지 못하느냐"(고전 6:19). 성령님은 우리 가운데 내주하셔서 우리가 잘못을 행할 때마다 우리를 교정하신다. 그때 우리는 성령님의 음성을 듣고 스스로를 고쳐 나가야 한다. 마치 성령이 우리 가운데 거하시지 않는 것처럼 육체의 소욕을 따라 산다면, 우리의 모습은 영적인 폐가처럼 조금씩 변하게 될 것이다.

"내가 이르노니 너희는 성령을 따라 행하라 그리하면 육체의 욕심을 이루지 아니하리라 육체의 소욕은 성령을 거스르고 성령은 육체를 거스르나니 이 둘이 서로 대적함으로 너희가 원하는 것을 하지 못하게 하려 함이니라 너희가 만일 성령의 인도하시는 바가 되면 율법 아래에 있지 아니하리라 육체의 일은 분명하니 곧 음행과 더러운 것과 호색과 우상숭배와 주술과 원수 맺는 것과 분쟁과 시기와 분냄과 당 짓는 것과 분열함과 이단과 투기와 술 취함과 방탕함과 또 그와 같은 것들이라 전에 너희에게 경계한 것같이 경계하노니 이런 일을 하는 자들은 하나님의 나라를 유업으로 받지 못할 것이요 오직 성령의 열매는 사랑과 희락과 화평과 오래 참음과 자비와 양선과 충성과 온유와 절제니 이 같은 것을 금지할 법이 없느니라"(갈 5:16-23).

오늘날의 한국 교회를 보면, 마치 성령님이 살고 계시지 않는 폐가 같은 느낌이 든다. 현저한 육체의 일이 한국 교회 전체에 구멍을 내고 지붕을 내려앉게 만들고 있다. 그 모습을 보면 때로 으스스하기도 하다. 규모와 화려함으로는 세계에서 제일가는 한국 교회가 실상은 폐가의 모습으로 변질되고 있는 것이다. 한국 교회는 언제쯤 다시 아름다운 성령의 전으로 변화될 수 있을까?

예수님의 제자들은 예루살렘 성전의 웅장함에 매료되어 성전 건물을 예수님께 가리켜 보였다. 그때 예수님은 이렇게 말씀하셨다. "너희가 이 모든 것을 보지 못하느냐 내가 진실로 너희에게 이르노니 돌 하나도 돌

위에 남지 않고 다 무너뜨려지리라"(마 24:2). 예수님은 또한 성전에서 장사하던 무리들의 상을 뒤엎으시고 말씀하셨다. "기록된 바 내 집은 기도하는 집이라 일컬음을 받으리라 하였거늘 너희는 강도의 소굴을 만드는도다"(마 21:13). 그리고 예수님은 자신의 몸으로 새로운 성전을 일으키셨다.

죄악이 우리의 신앙에 구멍을 냈다면, 우리도 성령의 수리하심을 입어야 한다. 그렇지 않고 방치해 두면 우리의 영혼도 더욱 빠르게 폐가의 모습으로 변하고 말 것이다。

못생긴 나무이기에
산을 지키는 것이 아니라
하나님을 사랑하는 자이기에
산을 지키는 것이다

6년간의 사역을 마치고 안식년을 가진 적이 있다. 쉬면서 재충전도 하고 다른 교회들을 방문하여 여러 가지 좋은 점들을 배울 생각이었다. 가장 처음 방문한 교회는 내가 1997년에 협동목사로 지낸 바 있는 곳이었는데, 담임 목사님은 그곳에서 15년 이상을 목회하고 계신 분이었다. 교회가 있는 지역은 주민이 200명 정도밖에 되지 않는 아주 외딴 곳이었다. 그래서 대형 교회로 성장한다는 것은 아예 생각할 수 없는 일이었다. 그 지역에 사는 모든 주민을 데려와도 교인이 200명밖에 되지 않는 것이다. 그런데도 담임 목사님은 그곳을 떠나지 않고 계속 목회를 하고 계셨다. 주 중에는 다른 일로 생활비를 마련하시면서까지 말이다.

그런데 내가 그 교회를 방문했을 무렵, 한 여성도 일로 큰 시련이 있었다고 한다. 그 여성도는 처음 몇 년 동안은 열심히 신앙생활을 하고, 다른 교인들에게 인정을 받아 여전도회장까지 되었다고 한다. 그런데 그때부터 담임 목사님에 대한 불만을 이야기하기 시작하더니, 결국 교인들 대부분을 데리고 다른 교회로 가버리고 말았다는 것이다. 교회에 참석하여 예배를 드리는데, 교인의 숫자는 고작 일곱 명뿐이었다.

예배 후에 목사님과 대화를 나누었다. "목사님, 이곳에서 오랫동안 목회를 하시네요." 나의 말 속에는 "혹시 다른 곳으로 이동하여 목회하실 생각은 없으셨나요?"라는 의미가 내포되어 있었다. 목사님은 내 말의 숨은 뜻을 알아채셨는지, 이렇게 대답하셨다. "못생긴 나무가 산을 지킨다고 하잖아요. 나는 못생긴 나무니까, 어디 갈 생각도 못하고 이곳을 지키고 있답니다."

예전에 이 교회를 다닐 때도 목사님을 보면서 참으로 겸손하신 분이라 생각했는데, 시간이 지나도 목사님에게는 그 겸손함이 그대로 묻어 있었다. 자신을 못생긴 나무라고 지칭하시는데, 결코 겸양을 떨려는 게 아니라 진심을 담아 말씀하시는 것 같았다. 목사님의 이야기를 듣는 순간, 나는 몹시 부끄러워졌다. 나는 그 겸손함에 비해 너무나 교만한 사람이었기 때문이다. 그동안 내로라하는 목사님들 앞에서도 숙여지지 않던 내 고개가, 그 목사님 앞에서는 저절로 숙여질 수밖에 없었다.

그런데 목사님은 많이 답답하신 모양이었다. 교회를 떠나는 자는 절대로 조용히 떠나지 않고, 자신의 떠남을 정당화하는 구실을 찾아 교회와 목사에 대한 온갖 나쁜 소문들을 퍼뜨리기 때문이다. 하지만 목사님이 그러한 소문에 대해 사람들을 일일이 찾아다니며 설명할 수도 없는 노릇이었다. 결국 목사님이 선택하신 방법은 조용히 하나님의 일을 하는 것이었다.

하나님은 아직 교회를 출석하고 있는 두 사람을 통해 목사님에게 소망을 주셨다. 한 사람은 교회를 몇 번이나 떠났다가 다시 돌아온 사람이었다. 여러 교회를 다녀 보았지만, 이 교회만 한 곳을 찾을 수 없어 돌아온 경우이다. 또 한 사람은 외국으로 떠났다가 몇 년이 지나서 다시 이 교회로 돌아온 경우이다. 예전에 함께 신앙생활하던 사람들이 모두 떠나고, 그들에게서 교회에 대한 온갖 좋지 않은 이야기와 목사님에 대한 비방의 소리를 들었지만 결국 다시 돌아온 것이다. 목사님은 그 두 명의 성도를 보면서, 시간이 걸리더라도 진리는 결국 승리한다는 확신을 얻었다고 한다. 그래서 교회를 떠나지 않고 결국 자리를 지키신 것이다. 신기하게도 주민이 200명밖에 없는데, 그 교회에는 새로운 성도들이 하나둘씩 생겨나고 있다.

못생긴 나무이기에 산을 지키는 것이 아니라, 하나님을 사랑하는 자이기에 산을 지키는 것이다. 보이는 현상 때문에 기뻐하거나 슬퍼하는 자가 아니라, 아무것도 보이지 않아도 하나님을 볼 줄 아는 믿음의 사람이 산을 지킨다. 내가 예전에 시무한 교회에서도 그런 믿음을 가진 자들이 있었다. 물론 어떤 이들은 소망이 없다며 교회를 떠나기도 했다. 하지만 지금까지 남아 있는 이들은 남들이 보지 못하는 소망을 바라보았다. 하나님께서 우리의 소망이신데, 소망이 없다고 말할 것이 무엇이겠는가? 그 소망을 바라보며 교회를 위해 기도하는 자들을 통해 하나님은 소망을 일구고 계신 것이다.

그런데 사실 하나님은 우리를 보면서도 그러셨을 것이다. 우리의 모습에는 소망이 없다. 매일 죄악으로 가득 찬 삶을 사는 우리에게 무슨 소망을 찾으실 수 있겠는가? 하지만 하나님은 우리를 사랑하셨고, 우리를 끝까지 지키셨다. 못생긴 나무이셔서, 그래서 다른 데로 갈 곳이 없어서 우리를 붙드신 것이 아니라, 사랑 많은 하나님이시기에 우리를 지키고 계신 것이다.

아내에게 필요한 것은
따뜻한 말 한마디였다

교회 사무실에 있을 때였다. 아내로부터 다급한 전화가 걸려 왔다. 어제 저녁에 15분 주차구역(짐을 싣거나 내리는 용도로만 잠시 주차하도록 허용된 구역)에 차를 세워 두었는데, 그 사실을 까마득히 잊어버리고 집에 들어왔다는 것이다. 아침에 나와 보니 어디론가 끌려가 버려서, 차를 찾을 수 없다는 것이 아내의 설명이었다.

그 말을 듣는 순간 짜증이 치솟았다. 차를 다시 찾기 위해서는 200불이 넘는 생돈을 날려야 한다는 계산이 순식간에 이루어졌다. 해야 할 일이 산적한데, 다시 집으로 돌아가 아내를 태우고 견인 회사에 가서 차를 찾아와야 한다니 짜증이 났다. 15분 주차구역에 차를 오랫동안 세우지 말라고 수차례에 걸쳐 신신당부했건만, 한두 시간 정도는 봐줄 것이라며 아내는 내 말을 무시해 왔다. 그렇게 내 말을 무시한 아내의 태도가 나를 더 화나게 했는지도 모른다.

전화를 받으면서 짜증과 화가 솟아올랐지만, 아내에게는 내색하지 않기로 했다. 화를 내보았자 나만 손해라는 것은, 결혼하고 20년 넘게 살아오면서 터득한 삶의 지혜라고나 할까? 자신이 잘못해서 차가 견인되었으니 사실 아내가 더 당황스럽고 놀랐을 것이다. 내가 다그치지 않아도 아내는 15분 주차구역에 차를 오랫동안 세우지 말아야 겠다는 교훈을 생생하게 받았을 것이다. 그런 상황에서 내가 다시 이야기하는 것은 잔소리에 불과할 것이고, 아내의 기분만 상하게 만들 것이며, 200여 불의 돈과 시간적 손해보다도 우리 부부의 관계를 더 크게 손상시킬 것이었다.

"100불 정도 돈이 들어가면 어떻게 하지…" 아내는 조심스럽게 말을 꺼냈다. 나는 "아니, 100불 정도가 아니라 200불이 훨씬 넘을 거야!"라고 소리 지르고 싶었지만 꾹 참았다. 아내를 데리고 차를 찾으러 갔더니 견인회사에서는 210불을 내라고 했다. '어휴, 이 돈이면 할 수 있는 게 얼마나 많은데…' 속에서는 울화통이 터졌지만 참고 또 참았다. 나의 예상은 240불 정도였는데, 그나마 조금 싸게 낸 것이라 자위하면서 말이다.

돌아오는 길에 둘째 딸을 데리고 집으로 왔다. 잘못을 한 까닭에 아무 말도 못하던 아내가 딸에게 말했다. "아빠 얼굴 표정 좀 봐라. 견인비로 얼마를 냈을지 추측해 봐." 나는 말은 하지 않았지만, 표정으로는 이미 아내에게 화를 내고 있었던 것이다. 사람은 말보다 표정이나 몸짓으로 더 많은 말을 하는 법이니까 말이다.

그날 밤 나는 잠자리에 누워서 좀더 자상하지 못했던 내 모습을 반성했다. 사실 아내는 골치 아픈 문제로 며칠 동안 제정신이 아니었다. 마음이 복잡하니 몸도 영향을 받아 힘든 상태였다. 차를 문제의 장소에 주차한 것은, 그렇게 자신의 몸을 가누기 힘든 상황에서도 집에서 만든 선물을 들고 누군가를 위로하려던 것이었다. 그것이 사모의 사명이라고 생각하면서 말이다. 그런데 만남이 다음 날로 미뤄지면서 그곳에 주차했다는 사실을 까마득히 잊은 것이다.

그 상황에서 나는 침묵하는 것이 아니라 위로의 말을 해야 했다. 아내에게 필요한 말은, 다시는 15분 주차구역에 차를 오래 세워 두지 말라는 교훈의 말도 아니었고, 견인비로 돈과 시간을 허비했다는 불평의 말도 아니었다. 아내는 이미 누구보다 철저하게 교훈을 받았을 것이고, 그 사건의 대가를 치르며 누구보다 아파했을 것이기 때문이다. 그때 아내에게 정말 필요한 말은 따뜻한 위로였다.

"얼마나 힘들었으면 그런 걸 잊었어? 200불, 까짓것 괜찮아. 나는 당신이 마음 아파하지 않으면 좋겠고, 힘을 내면 좋겠어."

웃으며 아내에게 이렇게 말할 수 있는 여유가 있었더라면 좋았을 것을. 나는 화를 내거나 교훈하는 말을 참는 일에만 급급했을 뿐, 얼굴 표정에서는 모든 감정이 그대로 드러났던 것이다. 그래서 아내에게 미안하다. 힘든 아내의 마음을 알아주지 못하는 못난 남편이어서 말이다.

연약한 나와는 달리 하나님은 우리에게 자상한 남편이시다. 우리가 잘못했을 때, 주님은 그 잘못의 대가를 스스로 지고 십자가에서 그 형벌을 대신 당하셨다. 그뿐 아니라 이렇게 말씀하셨다.

"수고하고 무거운 짐 진 자들아 다 내게로 오라 내가 너희를 쉬게 하리라"(마 11:28).

이제는 앞에서 제압하기보다
옆으로 다가가 그 사람의 이야기를
들어줄 수 있으면 좋겠다

텔레비전을 시청할 여유를 잘 찾지 못하는 내가 그런대로 꾸준히 보는 프로그램이 있다. 바로 SBS의 〈우리 아이가 달라졌어요〉이다. 이 프로그램은 미국 ABC 방송의 〈슈퍼 내니〉를 본떠 만든 것이라는 말이 있지만, 아무튼 흥미로운 프로그램이 아닐 수 없다. 실패한 경우는 방송하지 않았는지도 모르지만, 신기하게도 취재진들이 집으로 들어가기만 하면 어떤 문제를 가진 아이라도 조금씩 변화되는 모습을 보인다. 가만두면 망가지거나 나중에 더 큰 사회적 문제를 야기했을 텐데, 점차 변화되는 아이와 그 아이를 감격스럽게 바라보는 가족을 보니 마음이 따뜻해진다. 기상천외한 불륜 관계에 눈물 짜내기 급급한 삼류 드라마에 비하면 이런 프로그램은 정말 뛰어나다.

최근 본 방송에서는 정말 놀라운 아이가 등장했다. 말하는 것을 보니 비범한 아이일 것이라 예상은 했는데, 아니나 다를까 그 아이는 다방면에서 뛰어난 능력을 발휘하는 천재적인 아이였다. 다만 한 가지 문제가 있다면 사회성이 없다는 것이었다. 그 아이는 학교에서 친구들을 사귀지 못했고, 선생님에게도 심하게 욕을 하거나 폭력을 일삼았다.

얼마 동안 아이를 관찰하던 전문가는 아이의 담임 선생님에게 이렇게 조언했다. "아이가 수업 시간에 문제를 일으키면, 앞에서 두 팔을 잡고 제압하려고 하지 말고 옆에서 어깨에 손을 얹고 이야기를 해보세요. 그리고 아이가 말할 수 있도록 어느 정도 시간을 주세요. 필요하다면 아이에게 귓속말로 조용히 말을 건네 보세요."

아이가 또다시 문제를 일으키자 담임 선생님은 전문가가 일러 준 대로 아이의 옆에 서서 어깨에 손을 얹었다. 그리고 그 아이가 왜 분노하게 되었는지 이야기하도록 여유를 가지고 기다렸다. 그러자 잠시 후 놀라운 일이 벌어졌다. 평소 같으면 선생님에게 욕을 하거나 침을 뱉었을 아이가 선생님의 목을 손으로 감싸 안으며 조용히 귓속말을 하는 게 아닌가?

그 아이는 지적인 능력은 뛰어났지만 사회성 발달은 매우 저조해서 친구들에게 다가가는 방법을 몰랐던 것이다. 마음으로는 항상 친구들에게 다가가고 싶은데, 방법이 미숙하다 보니 오히려 친구들로부터 외면을 받은 것이다. 그리고 그것 때문에 더 상처를 받아서 폭력적인 아이로 돌변한 것이다. 하지만 아이의 옆에서 이야기를 들어 주고 용납한다는 느낌을 주었을 때, 그 아이는 조금씩 변화되면서 사회성이 계발되기 시작했다.

사실 이러한 문제는 아이들뿐 아니라 모든 사람의 문제이기도 하다. 문제가 있어 보이는 사람은 그만큼 다른 사람들이 받아 주지 않았기 때문에 그렇게 변한 것인지도 모른다. 우리는 그런 사람들을 피하거나 거침없이 충고의 말을 해댔을 것이고, 그런 반응은 오히려 그 사람의 상태를 악화시켰을 것이다.

교회는 아무런 문제가 없는 완벽한 사람들의 모임이 아니다. 성경의 가르침은 우리가 하나님 앞에 설 그때에야 완전히 변화될 것이라고 말한다. 교회는 그때가 오기 전까지 여러 가지로 부족하고 흠 많은 사람들이 모인 곳이다. 그래서 서로가 서로에게 상처를 주면서 아픔을 겪는다. 어쩌면 우리들의 마음은 그렇지 않은데, 서로에게 다가가는 방법 자체가 서툴었는지도 모른다. 혹은 열정은 많지만 그 열정을 멋있게 담아낼 방법을 잘 몰랐는지도 모른다.

성경은 하나님께서 각 사람들을 걸작으로 만드셨다고 기록한다(엡 2:10). 시원찮게 만드신 것이 아니라 아주 요긴하고도 쓸모 있게 만드셨고, 최고의 가치를 가진 존재로 만드신 것이다. 그 가치는 성도의 공동체가 서로를 돕고 세워 줄 때 빛난다. 이상한 행동을 하는 사람을 무시하고 외면하면 편할 수는 있겠지만, 결국 그 사람을 잃게 될 것이다. 힘들고 어려워도 옆으로 다가가 사랑으로 친구가 될 수 있다면 놀라운 동역자들을 얻게 될 것이다. 성경적 관점에서 바라볼 때, 교회는 단순히 사람들이 모이기 때문에 교회가 되는 것이 아니다. 성도가 서로를 향해 신앙 성숙의 책임을 공동으로 짊어지기 때문에 교회가 되는 것이다(엡 4:11-16).

〈우리 아이가 달라졌어요〉 방송 끝 부분에서 달라진 모습의 아이가 밝게 웃고 있었다. 시름을 앓던 부모들이 아이를 보며 행복해하는 모습을 보니 나도 기뻤다. 텔레비전에서만이 아니라 교회라는 공동체에서도 회복해야 할 모습이다.

우리가 잘못된 길로 갈 때, 하나님은 앞에서 책망하시는 것으로 끝내지 않으셨다. 하나님은 오히려 인간의 몸으로 이 땅에 내려오셨다. 마치 우리와 어깨동무하며 대화하기를 원하시는 것처럼 말이다. 주님은 우리와 함께 인생을 사셨고, 우리가 당하는 고난을 그대로 당하셨으며, 우리를 살리기 위해 십자가를 지셨다. 그리고 우리에게 귓속말로 속삭이셨다. "내가 너를 사랑한다"고。

하나님의 공평함은
산술적인 공평함이 아니라
마음의 크기의 공평함이다

아주 오래전 상영된 〈아마데우스〉라는 영화가 있었다. 이 영화는 천부적인 재능을 가진 모차르트와 당시 궁정의 악장이었던 살리에리의 이야기를 다룬 것이다. 이 영화에서 살리에리는 왜 하나님께서 모차르트와 같은 난봉꾼에게는 뛰어난 음악적 재능을 주시고, 자신처럼 성실한 자에게는 재능을 주시지 않았는지 질문을 던진다.

이것이 바로 하나님의 공평하심에 관한 질문이다. 우리는 인생을 살아가면서 부족함을 느낄 때 '하나님은 공평하신가'라는 질문을 던진다. 다른 사람들은 별 노력 없이 풍요롭게 사는 것 같은데 나는 그렇지 않으니 다른 사람들을 볼 때마다 마음이 괴로운 것이다.

탕자의 비유에 나오는 첫째 아들은 아버지를 향해서 말했다. "내가 여러 해 아버지를 섬겨 명을 어김이 없거늘 내게는 염소 새끼라도 주어 나와 내 벗으로 즐기게 하신 일이 없더니 아버지의 살림을 창녀들과 함께 삼켜 버린 이 아들이 돌아오매 이를 위하여 살진 송아지를 잡으셨나이다" (눅 15:29-30). 첫째 아들이 아버지에게 제기한 불만도 바로 공평함의 문제였다.

사실 나도 두 딸을 기르는 아버지와 여러 성도들을 목회하는 목사로서 공평의 문제를 다루기 쉽지 않다. 지금은 그렇지 않지만 딸들이 어렸을 때는 서로 엄마를 차지하겠다고 싸우는 일이 많았다. 엄마가 큰딸을 바라보고 잠자리에 누우면 작은딸이 불만이고, 작은딸을 바라보고 누우면 큰딸이 불만이었다. 이럴 때 아빠가 딸을 한 명 맡으면 좋겠는데, 섭섭하게도 아빠는 전혀 무용지물이다. 그리스 로마 신화에 나오는 얼굴 두 개 가진 야누스가 아닌 이상, 얼굴이 하나밖에 없는 엄마가 산술적으로 공평하게 딸들을 바라보는 것은 아예 불가능한 것이다.

하나님께서 산술적으로 모든 인간을 공평하게 대우하고자 하신다면 하실 수도 있겠지만, 사람들은 결코 하나님의 공평함을 실감하지 못할 것이다. 하나님께서 각각의 사람에게 주시는 사랑의 표현을 표준 점수화할 방법이 없기 때문이다. 사실 하나님의 공평함이란 산술적인 공평함이 아니라, 하나님이 우리를 향해서 가지고 계시는 마음의 크기의 공평함이다. 부모가 자녀를 사랑할 때 모든 것을 산술적으로 똑같이 해줄 수 없고, 목회자가 모든 성도를 산술적으로 똑같이 심방하거나 만날 수 없다. 하지만 적어도 자녀들을 한결같이 사랑하는 그 부모의 마음의 크기는 공평하다.

어느 날 큰딸이 공평함에 대한 문제를 제기했다. 울고불고 난리가 났다. 왜 자신을 동생처럼 대해 주지 않느냐는 것이었다. 그때 나와 아내는 이렇게 대답했다. "우리가 너를 사랑하는 방식은 네 동생을 사랑하는 방식과 같지 않고, 앞으로도 같지 않을 거야. 너에게 맞는 사랑의 방식이 있고,

네 동생에게 맞는 사랑의 표현이 있기 때문이야. 그렇지만 우리가 너와 네 동생을 사랑하는 크기는 똑같아. 너희 둘을 살릴 수 있다면, 우리는 너희에게 심장도 떼어 줄 수 있어. 그만큼 너희를 사랑해."

탕자의 비유에 나오는 아버지의 대답도 똑같았다. "얘 너는 항상 나와 함께 있으니 내 것이 다 네 것이로되"(눅 15:31). 산술적으로 따져 보자는 뜻이 아니라 그 아들을 향한 마음이 100퍼센트임을 말하는 것이다.

어쩌면 우리는 늘 이런 질문을 하면서 사는 것 같다. 하나님은 왜 나에게 관심을 기울이시지 않을까? 하나님은 왜 나에게 행복한 가정을 주시지 않았을까? 하나님은 왜 나에게 건강을 주시지 않았을까?

하지만 기억하자. 하나님은 우리를 너무나 사랑하시며, 그 사랑의 크기는 모두에게 똑같다는 것을. "하나님이 세상을 이처럼 사랑하사 독생자를 주셨으니 이는 그를 믿는 자마다 멸망하지 않고 영생을 얻게 하려 하심이라"(요 3:16). 하나님은 우리를 사랑하시되 그 아들을 주기까지 사랑하셨다. 그리고 하나님은 우리를 사랑하시는 대가로 그 외아들 예수 그리스도에게는 불공평하셨다. 십자가 위에서 "나의 하나님, 나의 하나님, 어찌하여 나를 버리셨나이까"(마 27:46) 하는 그 외침을 하나님은 무시하셨다. 아무 공로도 없는 우리를 살리시기 위해서 말이다.

세상의 나무가
오직 소나무 한 종이라면
그 아름다움은
한없이 작아질 것이다

가장 정겨우면서도 가장 차가운 말이 있다. 바로 '우리'라는 말이다. 우리말의 표현법에서 '우리'는 참으로 놀라워서, 영어의 'we'나 'our'로 번역할 수 없다. '내 것'을 의미할 때도 '우리'라는 말을 즐겨 사용하는데, 외아들이 자신의 부모를 부를 때도 "우리 아빠" 혹은 "우리 엄마"라고 한다. 더 나아가 아내를 표현할 때도 "우리 아내"라고 부른다. 독점적이어야 할 관계에서조차 '우리'라는 표현을 사용하는 것이다.

이 말은 말하는 사람과 듣는 사람 사이에 일체감을 조성하는 매우 따뜻한 표현이다. '우리'의 범주에 들어와 있기에 서로에게 쉽게 마음을 여는 것이다. 하지만 이 말은 가장 차가운 말이 될 수도 있다. 그것은 그 '우리'에 들지 않는 사람들에게 해당된다. "우리가 남이가?"를 외치며 대동단결을 꾀하는 정치적 주장에는 '우리' 밖에 있는 사람들을 비하하고 경멸하는 의미가 내포되어 있다.

　사람들은 '우리' 안에 들기를 바란다. 그래서 감수성이 예민한 청소년 시기에 친구들에게서 받는 압박감은 그 어느 때보다 크다. 일본의 이지메나 한국의 왕따는 '우리' 안에 들지 않은 사람에 대한 집단적 괴롭힘이 나타난 것이다. 사람들은 따돌림당하지 않기 위해 재빠르게 '우리'를 형성한다. 몇몇 사람이 모여 하나의 규범을 만들고, 그 규범 안에 들어오지 못하는 사람들을 이방인 취급하며 기득권을 지키려고 한다.

　예수님 당시의 유대인들도 그랬다. 그들은 성경을 가지고 있었을 뿐 아니라, 오랜 세월에 걸쳐 그 성경을 해석한 전통이 있었다. 당시 유대인들은 두 개의 성경이 있다고 여겼는데, 하나는 현재 우리가 구약이라고 부르는 '기록된 성경'이고 다른 하나는 성경의 해석 모음인 '구전으로 전해 오는 성경'이었다. 이미 구전 성경은 기록된 성경과 같은 권위를 가지고 있었다. 그리고 유대인들은 구전 성경을 따르지 않는 사람들을 이단자처럼 취급했다.

　예수님은 당시의 사람들을 왕따를 일삼는 어린아이들과 같다고 비유하셨다. "이 세대를 무엇으로 비유할까 비유하건대 아이들이 장터에 앉아 제 동무를 불러 이르되 우리가 너희를 향하여 피리를 불어도 너희가 춤추지 않고 우리가 슬피 울어도 너희가 가슴을 치지 아니하였다 함과 같도다 요한이 와서 먹지도 않고 마시지도 아니하매 그들이 말하기를 귀신이 들렸다 하더니 인자는 와서 먹고 마시매 말하기를 보라 먹기를 탐하고 포도주를 즐기는 사람이요 세리와 죄인의 친구로다 하니 지혜는 그 행한 일로 인하여 옳다 함을 얻느니라"(마 11:16-19).

　우리 모두는 예수 그리스도 안에서 하나가 되었다. 모든 차이점이 사라지고 획일화되었다는 말이 아니라, 그 모든 차이점에도 불구하고 하나가 될 수 있다는 말이다.

에베소서 기자는 이렇게 권고한다. "모든 겸손과 온유로 하고 오래 참음으로 사랑 가운데서 서로 용납하고 평안의 매는 줄로 성령이 하나 되게 하신 것을 힘써 지키라 몸이 하나요 성령도 한 분이시니 이와 같이 너희가 부르심의 한 소망 안에서 부르심을 받았느니라 주도 한 분이시요 믿음도 하나요 세례도 하나요 하나님도 한 분이시니 곧 만유의 아버지시라 만유 위에 계시고 만유를 통일하시고 만유 가운데 계시도다"(엡 4:2-6). 성령이 하나 되게 하신 것을 힘써 지키라는 권고는, 모든 차이점을 사랑 가운데서 서로 용납하면서 하나가 되라는 의미이다.

이 세상의 나무가 오직 소나무 한 종이라면 그 아름다움은 한없이 작아질 것이다. 소나무의 아름다움이야 이루 말할 수 없지만, 소나무뿐 아니라 떡갈나무, 포도나무, 밤나무, 사과나무, 대나무 등 다양한 식물들이 모여 있기에 이 세상은 하나님의 아름다움을 조금이나마 비출 수 있는 것이다. 나는 장미꽃을 가장 좋아하지만, 이 세상에 장미꽃만 있다면 무슨 재미가 있을까? 나팔꽃도 있고, 백합도 있고, 수선화와 바이올렛이 어우러져 있기에 하나님의 풍성함을 드러낼 수 있는 것 아닐까?

교회 내에서 다른 모습의 신앙생활이 있는 것을 기분 나빠 하지 않으면 좋겠다. 손을 들고 기도하든, 조용히 눈을 감고 엎드려 기도하든, 울부짖으며 기도하든, 어떤 방식으로 기도를 하든 그 모습 때문에 마음이 꺼림칙하지 않으면 좋겠다. 하나님 나라의 다양한 풍성함을 지금 교회 내에서도 조금이나마 맛볼 수 있다면 얼마나 좋을까?

사랑은 청개구리 같다
자꾸만 달라 하면 갈급해지고
자꾸만 퍼 주면 풍성해지니 말이다

미국에 있을 때였다. 내 사무실은 유치부 바로 옆에 있었는데, 늘 꼬마들이 들락날락거렸다. 당당하게 내 방문을 열고 들어와 손을 내미는 꼬마 아이들에게, 나는 젤리 사탕 항아리를 열어 주곤 했다. 그리고 가지고 싶은 만큼 마음껏 가져가라고 했다. 꼬마 아이들은 행복한 얼굴로 젤리를 한 움큼씩 집어 들고는 장난스러운 목소리로 고맙다고 소리치며 나갔다. 나는 그 모습을 보는 것이 너무나 행복했다.

한국에 와서 가장 아쉬운 것 하나가 있다면, 꼬마 아이들이 내 방에 들어오지 않는다는 점이다. 내 방의 위치가 교회에서 가장 찾기 힘든 곳에 위치해 있을 뿐 아니라, 내 방에 들어오려면 또 다른 사무실 하나를 거쳐야 하기 때문이다. 예배를 마치고 교우들과 인사하고 있으면 부모님들은 꼬마 아이들에게 "목사님께 인사해야지" 하고 시키는데, 꼬마 아이들은 나를 거들떠보려고 하지도 않는다. 부모들의 강요가 꼬마의 마음속에 '담임 목사님이란 억지로 인사를 해야만 하는 귀찮은 존재'라고 각인시키는 것은 아닐까?

꼬마들은 안다. 누가 자기를 사랑해 주는 사람인지를 말이다. 젤리를 마음껏 주는 사람에게는 누가 시키지 않아도 다가가서 인사를 하고 아는 척을 한다. 그러나 피부로 사랑이 느껴지지 않는 사람에게는 다가가려고 하지 않는 법이다. 우리 교회 꼬마 아이들에게 인정받는 목사가 되고 싶은데, 과자를 줄 기회는 여의치 않고, 부모님들은 억지로 내게 인사를 시키니 아이들이 점점 더 멀어지는 것이다.

교회에 사랑이 없다는 말을 종종 듣는다. 누군가 나를 살갑게 맞이하고 반겨 주면 좋겠는데, 아무도 아는 척을 해주지 않으니 나오는 소리일 것이다. 예전에 어떤 목사님은 교인들로부터 인사를 잘하지 않는다는 이야기를 많이 들었다고 한다. 목사님은 그 말을 들을 때마다 당황스럽기 그지없었다고 했다. 일부러 인사하지 않은 것도 아니고, 어쩌다 실수로 보지 못한 것인데, 인사 안 하는 목사로 낙인이 찍혔으니 말이다. 나는 다행히 인사를 잘하는 편이라는 소리를 들었다. 내가 늘 웃는 모습으로 눈을 맞추며 인사하려고 하니까, 인사를 잘하는 목사라는 소리를 듣는 것 같다고 한다.

하지만 나도 예전에는 인사 안 하는 목사라는 낙인이 찍혀서 고생한 적이 있었다. 어쩌다가 실수로 보지 못해 인사를 하지 못한 것일 텐데, 그분은 기분이 상해 버려서 나를 비난하기 시작했다. 나는 그 소리를 듣고 그분에게 더욱더 인사를 잘하려고 무척이나 신경을 썼다. 하지만 나는 이후로도 여전히 내가 그분에게 인사하지 않았다는 불만을 들어야 했다. 그분은 내가 인사를 하나 하지 않나를 항상 지켜보는 것만 같았다.

만일 누군가 내게 인사를 하나 하지 않나, 나에게 관심을 갖나 갖지 않나를 따지기 시작한다면, 우리는 영원히 불행해질 것이다. 사랑을 달라고 요구하면 요구할수록 사랑에 갈급해지고, 더 큰 공허함에 빠질 것이기 때문이다.

좋은 방법이 하나 있다. 그것은 내가 먼저 다가가서 인사하고 손 내밀어 사랑을 베푸는 것이다. 왜 내게 사랑을 주지 않느냐고 불만을 터뜨릴 일이 아니다. 그동안 다른 사람들을 향하여 제대로 된 사랑을 베풀지 않은 자신을 한탄해야 한다. 사람들이 나를 무시하는 것처럼 느껴지고 아무도 나에게 인사하거나 사랑을 표현하지 않는 것처럼 느껴진다면, 그만큼 내가 먼저 사랑을 베풀지 못했음을 자책해야 하는 것이다.

우리 교회의 꼬마 아이들이 나에게 인사를 하지 않는 것은 꼬마 아이들이 버릇없어서가 아니다. 그건 내 잘못이다. 아직 내가 꼬마 아이들에게 다가가지 못했기 때문이다. 사탕을 들고 그들의 눈높이에 맞추어 먼저 다가갔어야 했는데, 그렇게 하지 못했기 때문이다. 만일 내가 위선의 옷을 벗고 아이들에게 다가간다면 부모가 억지로 인사하라고 시키지 않아도 아이들이 먼저 내게 달려올 것이다. 사랑이란 청개구리 같다. 사랑을 자꾸만 달라 하면 갈급해지고, 자꾸만 퍼 주면 풍성해지니 말이다.

사랑이 있는 사람의 수학 공식은
사랑이 없는 사람의 수학 공식과 다르다

100마리 양 가운데 한 마리의 양을 잃어버린다면 어떻게 할까? 예수님의 비유에서는 아흔아홉 마리의 양을 들판에 두고 한 마리의 양을 찾으러 간다고 기록하고 있다. 들판에 두고 떠난다고 할 때 사용한 "둔다"라는 단어는, 마태가 모든 것을 버려두고 예수님을 따랐다고 했을 때 사용한 단어와 같다. 즉 모든 것을 제쳐 두고라도 그 양을 찾으러 간다는 뜻이다. 그리고 성경은 그 잃어버린 양을 찾을 때까지 포기하지 않는다고 표현하고 있다.

과연 우리가 목자라면 그렇게 할 수 있을까? 아마 어느 정도 주변을 살펴보기는 할 것 같다. 소리를 질러 보거나 다른 아흔아홉 마리의 양을 위험에 빠뜨리지 않는 선에서 그 양을 찾을 것 같다. 그리고 그 양을 찾을 가망성이 희미해지면 어느 정도 찾다가 중단할 것 같다. 잃은 양이 아쉽기는 하지만 나의 모든 인생을 걸 만큼 중요한 것은 아니고, 다른 아흔아홉 마리를 위태롭게 해도 좋을 만큼 더 소중한 것도 아니니까 말이다.

하지만 팀 래니액 교수가 중동 지방의 선교사로 다년간 있으면서 쓴 글을 보면서 성경의 비유를 조금은 이해할 수 있었다. 목자들과 함께 지내면서 관찰한 결과, 목자들은 아무리 양이 수백 마리가 되어도 그 양들의 이름을 하나씩 알고 있었을 뿐 아니라, 그들의 특성까지 다 알고 있었고, 양 하나하나를 아끼고 사랑하는 극진한 모습을 보였다고 한다. 양을 잃어버리면 성경에 나오는 비유처럼 그 양을 찾기 위해 백방의 노력을 다했고, 끝내 찾지 못하면 그 양을 생각하면서 눈물을 글썽였다고 한다.

어쩌면 오늘날 우리들은 모든 것을 돈으로 환산하려는 사회에 섞여 살면서 이러한 모습들을 생소하게 느낄지 모른다. 양 한 마리를 위해서 다른 양을 버려 둘 수는 없다. 자본주의 사회에서 99마리의 양은 99배의 가치가 있기 때문이다. 대를 위해 소를 희생하는 것이 오늘날 사람들의 마음속에는 당연한 가치관으로 자리 잡혀 있다.

그럼에도 불구하고 아흔아홉 마리의 양을 버려 두고 잃어버린 한 마리의 양을 찾아 떠나는 이유는 무엇인가? 그것은 양을 향한 목자의 사랑과 애정 때문이다. 사랑이 개입되면 보통 사람들은 이해할 수 없는 독특한 행동을 하게 된다. 그래서 나는 종종 이해하지 못하지만, 우리 아이들은 애완동물을 위해서라면 자신의 모든 것을 내어 줄 자세가 되어 있다. 사랑이 있는 사람의 수학 공식은 사랑이 없는 사람의 수학 공식과 다른 것이다.

하나님께서 우리를 보시는 관점도 동일하다. 만일 우리가 우리의 모습에 따라 대우를 받아야 한다면, 우리는 외면받아야 마땅한 존재일 것이다. 주목받을 만한 아무런 가치도 우리에게는 없기 때문이다. 하나님의 뜻대로 살지 않고 제 갈 길로 가버린 것이 우리의 모습이다. 그런데 목자 되시는 하나님은 우리를 살리기 위해 그 아들을 버리셨다. 그 아들은 십자가 위에서 이렇게 외쳤다. "나의 하나님, 나의 하나님, 어찌하여 나를 버리셨나이까"(마 27:46). 잃어버린 양 한 마리를 찾아 나서시는 하나님의 사랑 때문에 우리가 사는 것이다.

"그가 찔림은 우리의 허물 때문이요 그가 상함은 우리의 죄악 때문이라 그가 징계를 받으므로 우리는 평화를 누리고 그가 채찍에 맞으므로 우리는 나음을 받았도다 우리는 다 양 같아서 그릇 행하여 각기 제 길로 갔거늘 여호와께서는 우리 모두의 죄악을 그에게 담당시키셨도다"(사 53:5-6).

어떤 사람들에게는 제4의 눈이 있다
그것은 사람들 속에 잠재되어 있는 가능성과
아름다움을 보는 눈이다

서울에서 목회하는 친구 중에 사진을 참 잘 찍는 친구가 있다. 그는 좋은 사진을 촬영하면 내게 몇 장을 꼭 보내 주는데, 사진 속 자연이 너무나 아름답다. 하나님의 창조세계의 아름다움을 드러내는 놀라운 기술이 그 친구에게 있는 것 같다. 한번은 그가 내게 사진을 보내 주었기에 짤막한 답장을 보냈다. "고맙네. 사진을 잘 찍는 그대가 부럽소. 사진을 잘 찍는 것은 다른 사람들보다 눈을 하나 더 가진 셈이니 말이오."
그렇다. 나의 평범한 눈으로는 볼 수 없는 것을 그 친구는 볼 수 있었고, 사진기를 통해 아름답게 담아내는 능력도 있었다. 그 친구는 두 개의 눈만이 아니라 제3의 눈을 가진 셈이다.
  그런데 어떤 사람에게는 제4의 눈이 있다. 그것은 사람들 속에 잠재된 가능성과 아름다움을 보는 눈이다. 어떤 사람은 타인의 추한 모습만을 주목하고 비판하기를 일삼는 반면, 어떤 사람은 제4의 눈이 있어서 타인이 가진 아름다움을 볼 수 있는 능력이 있다. 나는 그런 사람들이 더더욱 부럽다.

제4의 눈은 사랑을 가지고 있을 때 얻을 수 있는 눈이다. 어머니는 사랑의 마음으로 자녀를 보기에, 남들이 보지 못하는 장점과 가능성을 자녀에게서 본다. 그 속에서 자녀는 자라게 되어 있다. 교회라는 공동체에도 제4의 눈을 가진 사람들이 많으면 좋겠다.

하나님은 불꽃 같은 눈을 가지고 계시다고 한다(계 2:18). 그 하나님의 눈은 우리가 꼭꼭 숨겨 둔 죄악까지 모두 보신다. 하지만 하나님의 불꽃 같은 눈은 우리를 심판하기만 하는 차가운 불꽃이 아니라, 오히려 뜨거운 불꽃이다. 하나님은 우리를 사랑의 눈으로 바라보시고, 우리를 구원하시기 위해 그 아들을 십자가에 내어 주셨기 때문이다.

2부

: :

그루터기에서

소망을

보다

여호와 자기 하나님에게 자기의 소망을 두는 자는 복이 있도다
(시 146:5)

우리말에 "시간이 약이다"라는 말이 있다. 아무리 힘들고 어려운 일이 있어도 시간이 흐르면 잊게 되고 문제가 해결된다는 말이다. 만약 남자들에게 살면서 가장 고통스러운 시간이 언제였는지 묻는다면, 많은 이들이 군대에서 보낸 기간이라고 대답할 것 같다. 군대에서는 "거꾸로 매달아도 국방부 시계는 간다"라는 표현을 종종 사용하는데, 고통의 시간도 결국은 지나게 되어 있고 참고 기다리다 보면 전역할 날이 다가온다는 뜻이다.

사실 나도 대학원 졸업 후, 군사훈련을 받기 위해 영천에 있는 제3사관학교에 입교한 적이 있다. 처음에 나긋나긋하던 조교들은 군복으로 갈아입자마자 태도가 돌변했다. "선착순, 앞으로 취침, 뒤로 취침"을 외치며 군기를 잡기 시작하는데, 평소 운동을 하지 않던 나에게는 너무나 힘든 훈련이었다. 그때 나를 버티게 해준 말이 바로 그 "거꾸로 매달아도 국방부 시계는 간다"라는 말이었다. 힘든 일과도 해가 지면 그치게 되어 있고, 16주의 훈련과정도 시간이 지나면 결국 끝이 나니 말이다.

하지만 이집트 땅에 살던 이스라엘 백성들에게 "시간이 약이다"라는 말은 실감 나지 않는 표현이었을 것이다. 여러 해가 지나 이집트 바로 왕이 죽고 정권이 바뀌었지만, 그들에게는 여전히 미래가 없어 보였다. 그들은 이집트 땅에서 노예로 살아가야 했고, 그들이 겪는 고통의 문제는 아무리 시간이 지나도 해결될 것 같지 않았다. 사람은 그럴 때 절망하게 된다. 사람은 고통이 크기 때문에 죽는 것이 아니라, 소망이 없을 때 죽는 것이다. 삶에 아무런 개선의 여지가 없을 때, 사람들은 자포자기하고 탄식하게 되어 있다.

그런데 이집트에서 종살이하던 이스라엘 민족은 탄식하는 것 외에 한 가지 더 한 일이 있었다. 바로 하나님께 부르짖는 것이었다(출 2:23). 이것이 하나님을 믿는 사람들이 일반 사람들과 갖는 차이점일 것이다. 아무런 소망이 없을 때 보통 사람들은 절망하고 포기하지만, 하나님을 믿는 사람들은 그 절망 가운데서도 하나님을 찾고 부르짖는다.

성경은 이스라엘 민족의 부르짖음이 하나님께 상달되었다고 기록한다. 그리고 하나님께서 그 고통의 소리를 들으시고 아브라함과 이삭과 야곱에게 세운 언약을 기억하셨다고 기록한다(출 2:23-24). 이러한 표현은 우리로 하여금 고개를 갸우뚱하게 만든다. 마치 하나님께서 이전에는 조상들과의 약속을 잊고 계시다가, 이스라엘 민족이 부르짖자 그때서야 약속을 다시 기억하신 것처럼 보이기 때문이다. 과연 하나님은 약속을 잊어버리신 것인가? 아니, 잊을 수 있는 분이 하나님이실 수 있는가?

이것은 성경의 표현이 많은 경우 사람 중심으로 사용되기 때문에 생기는 오해이다. 우리는 지구가 태양의 주위를 돈다는 사실을 분명히 알고 있으면서도, 여전히 "해가 동쪽에서 떠서 서쪽으로 진다"는 표현을 사용한다. 이렇듯 성경에서도 하나님의 행동과 모습을 묘사할 때 종종 사람의 입장에서 표현한다. 그리고 실제로 우리는 기도할 때도 그런 표현 방식을 사용한다. 하나님의 은혜는 태초부터 지금까지 단 한순간도 멈추거나 중단된 적이 없지만, 우리는 여전히 하나님께 은혜를 내려 달라고 간구한다. 그것은 전에 은혜를 주지 않으셨기 때문에 이제부터 달라는 의미가 아니라, 하나님의 은혜를 우리가 실제적으로 체험할 수 있게 해달라는 간곡한 표현이다. 또한 하나님은 편재하시고 무소부재하심에도 불구하고, 우리는 하나님께 우리의 예배 가운데 임재하실 것을 간구한다. 그것은 하나님께서 인간처럼 거처를 옮겨 다니실 필요가 있음을 말하는 것이 아니라, 예배를 드리는 가운데 하나님을 실제적으로 체험하고 느낄 수 있게 해달라고 간구하는 것이다. 이와 마찬가지로, 하나님께서 이스라엘 민족의 부르짖음을 들으시고 그들의 조상들과 맺은 언약을 기억하셨다는 말씀은, 하나님께서 그 약속대로 구원의 사역을 이루기 시작하셨다는 의미로 이해해야 할 것이다.

성경은 하나님께서 이스라엘 민족의 부르짖음을 들으셨을 뿐 아니라, 그들의 조상들과 맺은 언약을 기억하셨고, 또한 이스라엘 자손을 기억하셨다고 기록한다(출 2:25). 이스라엘 민족이 부르짖을 때 외면하신 것이 아니라 그들을 돌보셨다는 의미이다.

예레미야 1장 5절은 이렇게 기록한다. "내가 너를 모태에 짓기 전에 너를 알았고 네가 배에서 나오기 전에 너를 성별하였고 너를 여러 나라의 선지자로 세웠노라." 하나님은 어떤 장점 때문에 우리를 아는 척하시는 게 아니다. 우리가 아직 모태에 있을 때 하나님의 관심 속에 이미 우리가 있었다. 우리가 느끼지 못할 때에도 하나님은 우리를 잊거나 외면하시지 않는다. 그 하나님을 의지하는 자가 복이 있다.

"귀인들을 의지하지 말며 도울 힘이 없는 인생도 의지하지 말지니 그의 호흡이 끊어지면 흙으로 돌아가서 그날에 그의 생각이 소멸하리로다 야곱의 하나님을 자기의 도움으로 삼으며 여호와 자기 하나님에게 자기의 소망을 두는 자는 복이 있도다"(시 146:3-5).

뿌리가 건재한 이상,
나무는 죽지 않고
생명을 키워 낼 것이다

내가 필라델피아에 있을 때 섬겼던 교회에는 화단 하나가 딸려 있었다. 거기에는 나무가 한 그루 있었다. 식물에 관해서는 워낙 문외한이라 그 나무가 어떤 종류인지는 잘 모르겠지만, 누군가 일부러 심은 것은 아닐 테고 어디선가 바람에 날려 온 씨앗이 뿌리를 내려서 자란 나무였을 것이다. 나무는 2센티미터 정도의 굵기에 키는 허리 정도였는데, 그런 크기로 몇 년 동안 그 자리에 있었다.

　교인들과 나는 화단을 정리하면서, 그 나무가 주변과 별로 어울리지 않는 것 같아 과감하게 잘라 버렸다. 그런데 우리가 인식하지 못하는 사이에 그루터기에서 다시 싹이 트기 시작했다. 싹은 쑥쑥 자라더니 1, 2년 만에 둥치의 굵기가 10센티미터나 되어 버렸다. 게다가 키는 지붕에 닿을 정도로 커버려서 교회 마당을 밝히는 전등까지 가렸다. 교인들은 화단을 정리하면서 다시 그 나무를 잘라 낼 수밖에 없었다.

그런데 얼마 뒤에 보니, 잘린 나무둥치에서 또다시 싹이 나와 약 30센티미터 정도 키가 자란 것을 보게 되었다. 잘라 내고 또 잘라 내도, 그 나무는 엄청난 생명력으로 하늘을 향해 싹을 틔우고 키가 자라고 있었다. 문득 어떤 집사님이 하신 말씀이 떠올랐다. "목사님, 이 나무는 아무리 잘라 내도 또 자랄 겁니다. 뿌리째 뽑아내지 않는다면 말이죠." 그렇다. 보이는 나무둥치를 아무리 잘라 낸다 한들, 보이지 않는 땅 밑에서 물과 영양분을 빨아올리는 뿌리가 건재한 이상, 나무는 죽지 않고 계속해서 생명을 키워 낼 것이다.

한국 교회는 중병이라는 진단을 받았다. 말기 암의 상태라고나 할까? 그래서 한국 교회가 쓰러져 가는 모습을 보는 것이 이제는 생소하지도 놀랍지도 않다. 중세 교회의 타락을 실감하기 위해 굳이 책을 뒤지지 않아도 될 정도이다. 우리 주변에 이미 너무나 생생하게 널려 있으니까 말이다. 한국 교회에 기대할 것은 절망밖에 없는 것일까?

얼마 전 어떤 목사님과 대화하다가 미국에 있는 큰 대형 교회 이야기가 나왔다. 한때 어마어마한 규모를 자랑하며 자칭 타칭 미주의 대표적인 교회라고 입 모아 말하는 교회였는데, 지금은 여러 가지 이유로 거의 쓰러진 모습에 가깝다. 과연 한 번 그렇게 쓰러진 교회가 다시 예전의 상태로 돌아갈 수 있을까? 나는 예언가도 아니고 그 교회의 상황을 구체적으로 알 수도 없으니, 뭐라고 단정 지어 말할 수는 없다. 다만 그 교회가 다시 온전하게 세워지기를 소망하며 기도할 뿐이다.

그런데 그 교회가 만에 하나 완전히 망해 버려도 그렇게 절망할 일은 아니다. 역사적으로 볼 때, 교회가 지속되고 복음이 계속적으로 확장될 수 있었던 이유는, 특정 지역의 특정 교회가 망하지 않고 계속되었기 때문이 아니다. 예루살렘 교회는 흩어져 버렸고, 복음이 흥왕했던 소아시아의 초대 교회들 또한 사라졌다. 한때 기독교 국가였던 유럽의 교회들도 이제는 흔적도 없이 사라졌다. 교회당이 술집으로 변해 버렸다는 이야기도 심심찮게 들린다. 하지만 그렇다고 해서 교회가 망한 것은 아니며, 여전히 하나님의 복음은 전 세계적으로 강력하게 펼쳐 나가고 있다. 마치 나무둥치를 잘라 내도 땅 속에 깊이 뿌리박은 그루터기에서 새순이 돋아나듯이 말이다. 특정 지역 교회가 망한다고 해도 교회는 결코 망하지 않을 것이다.

이사야 선지자는 하나님의 말씀을 들었다. "그중에 십분의 일이 아직 남아 있을지라도 이것도 황폐하게 될 것이나 밤나무와 상수리나무가 베임을 당하여도 그 그루터기는 남아 있는 것같이 거룩한 씨가 이 땅의 그루터기니라 하시더라"(사 6:13).

그루터기이시며 우리 신앙의 뿌리이신 예수님이 계시기에, 지역 교회는 망하는 것 같아도 궁극적으로는 소망이 있는 것이다. 어쩌면 한국 교회는 그 무게를 이기지 못하고 스스로 쓰러질지도 모른다. 하지만 우리의 뿌리 되시는 예수님 때문에 소망이 있다.

나의 간절한 소망은 사도 바울이 동족을 향해 소망을 가진 것처럼(롬 11장), 우리 한국 교회를 주님께서 보전하시고 이 시대에 사용하여 주시는 것이다. 겸손하게 주님 앞에 엎드려야 한다. 하나님께서 원가지들도 아끼지 않고 찍어 버리셨으니, 우리도 아끼지 아니하실 수 있음을 인식하면서 말이다(롬 11:21).

현실에 안주하는 사람과 꿈을 꾸는 사람 사이에는 엄청난 차이가 있다

워싱턴 광장에 몰려든 수많은 군중 앞에서 마틴 루서 킹Martin Luther King 목사님의 연설이 있었다. 그 연설은 아마도 이 세상에서 가장 유명한 연설 가운데 하나일 것이다. 1863년 에이브러햄 링컨 대통령이 노예 해방을 선포했지만, 100년이 지난 1963년에도 흑인들은 여전히 차별받고 무시당하고 있었다. 그때 마틴 루서 킹 목사님은 절망하지 않고 "나에게는 꿈이 있습니다"를 외쳤다.

그로부터 약 50년이 지난 지금, 여전히 보이지 않는 차별적인 상황들이 있지만 그럼에도 그 꿈은 많이 현실화되어 흑인 대통령까지 탄생시킨 시대를 살아가고 있다. 마틴 루서 킹 목사님은 열악한 현실과 희망이 보이지 않는 상황 속에서도 좌절하지 않고 꿈을 가졌고, 그 꿈을 하나씩 이루어 간 것이다.

꿈을 꾼다고 모든 것이 다 이루어지는 것은 아니지만, 꿈을 꾸지 않고 현실에 안주하며 살아가는 사람과 꿈을 꾸는 사람 사이에는 엄청난 차이가 있다. 꿈을 꾸는 사람은 현재의 모습에 좌절하지 않고 미래에 대한 소망을 품으며, 그 소망을 위해 무엇인가를 하나씩 해내는 사람이다. 반면 꿈을 꾸지 않는 사람은 현실의 괴로움을 그대로 안고 살아가는 사람이다.

성경에서 소망을 표현할 때 항상 따라오는 단어가 바로 '인내'이다. 사도 바울은 데살로니가 교회에 보낸 편지에서 "우리가 너희 모두로 말미암아 항상 하나님께 감사하며 기도할 때에 너희를 기억함은 너희의 믿음의 역사와 사랑의 수고와 우리 주 예수 그리스도에 대한 소망의 인내를 우리 하나님 아버지 앞에서 끊임없이 기억함이니"(살전 1:2-3)라고 썼다. 소망을 가진 자는 현실의 고통에서도 인내할 수 있는 힘을 지니고 있는 것이다.

꿈을 꿀 수 있는 자가 지도자가 되어야 한다. 이스라엘 민족이 처한 현실은 이집트 땅에서 노예 생활을 하는 삶이었지만, 하나님께서 주신 사명을 가진 모세는 그 백성들을 이끌고 젖과 꿀이 흐르는 가나안 땅으로 가겠다는 꿈을 꾸었다. 아마도 현실성이 거의 없어 보였을 것이다. 당시에 이집트는 부유하고 군사력도 막강했던 반면, 이스라엘 민족은 군사훈련을 받아 보거나 함께 모여 조직을 이룬 적도 없었기 때문이다. 어떻게 그런 민족이 이집트 같은 강국에게서 독립할 수 있단 말인가? 설령 그들이 이집트에서 빠져나온다고 한들, 여러 민족이 국가를 이루어 성을 쌓고 문명을 이루고 있는 가나안 땅을 어떻게 차지할 수 있단 말인가? 그것은 거의 실현 불가능한 꿈이었다. 하지만 모세라는 지도자는 하나님께서 주신 꿈을 포기하지 않았다.

세상은 그렇게 아무것도 없어 보이는 현실에서 미래의 그림을 그려 나가는 자들에 의해 움직여 왔다. 꿈이 없는 사람이 지도자로 있는 공동체는 퇴보할 수밖에 없다. 나는 아직 젊지만, 내가 은퇴를 해야 할 시점이 언제인가를 생각한 적이 있다. 무엇인가 새로운 도전을 하는 것이 힘들고 지금 있는 그대로 안주하는 것이 낫다는 생각이 들 때, 그 시점이 바로 내가 은퇴를 하고 후배에게 자리를 물려주어야 할 때라고 생각한다. 꿈을 꾸지 않는다면 그것은 나에게도 불쌍한 일이지만, 그런 지도자를 가진 공동체는 더더욱 불쌍한 일이 될 것이기 때문이다.

모세가 가나안 땅에 정탐꾼들을 보냈을 때 열 명은 부정적인 보고를 했다. 가나안 땅에 사는 사람들은 강대한 민족이고 성읍은 견고하므로 능히 싸워 이길 수 없다는 것이었다(민 13:28-33). 그들은 건장한 사람들 중에서 선별된 사람이었지만 생각은 부정적이었다. 하지만 여호수아와 갈렙은 달랐다. 그들은 하나님을 계산에 넣었고 하나님의 약속을 믿었으며 꿈을 잃지 않았다. 결국 가나안에 들어갈 수 있었던 사람은 여호수아와 갈렙뿐이었다. 미래는 꿈꾸는 자들에 의해 만들어지는 것이다.

어쩌면 우리는 하나님의 꿈 때문에 산다. 하나님은 악한 생각을 하고 죄악을 행하는 우리를 아무 쓸데없다고 포기하지 않으셨다. 우리를 천국으로 인도하셔서 함께 천국의 복락의 누릴 것을 고대하시며, 하나님은 그 아들을 십자가에 내어 주시고 우리를 구원하셨다.

하나님은 힘들고 어려운 시련 가운데
오히려 더 좋은 것을 주셨다

나는 미국 필라델피아에서 10년을 목회한 후, 한국으로 부름을 받아 대구에서 목회를 하고 있다. 대구에서 바쁘게 목회를 하는 중에도 빼먹지 않은 기도의 제목이 있었다. 그것은 내가 미국에 있으면서 지난 10년 동안 섬긴 교회에 대한 기도인데, 좋은 후임 목사님을 그곳에 보내 달라는 기도였다. 그런데 감사하게도 그 기도는 6개월 만에 응답이 되었다. 내가 사임한 지 6개월 후에 열린 공동의회에서 새로운 담임 목사를 84퍼센트의 지지로 청빙하기로 결의했다는 것이다.

사실 내가 한국의 교회로 부임하면서 가장 마음이 쓰였던 것은, 새로운 사역지에서 어떻게 사역할 것인가보다 미국에서 섬기던 교회가 어떻게 하면 안정적으로 새로운 담임 목사를 청빙하고 건강한 교회로 지속될 수 있을까 하는 것이었다. 그래서 나는 당시 우리 교회의 협동 목사로 있던 목사님을 교인들에게 천거하면서 새로운 담임 목사로 받아 줄 것을 호소했다. 짧은 기간이지만 그 목사님을 옆에서 경험하면서 참으로 좋은 분이라는 확신이 들었기 때문이다. 겉모습만 번지르르하고 실제로는 빛 좋은 개살구에 불과한 경우를 몇 번 경험한 나로서는 매우 신중하게 결정한 사안이었다.

하지만 놀랍게도 나의 추천은 교인들의 반대에 부딪히고 말았다. 스펙 중심으로 판단할 수밖에 없는 것이 사람인지라, 스펙 면에서는 그리 뛰어날 것 없던 목사님의 진가가 아직은 증명되지 않은 것이다. 나는 이러한 일들을 보면서 하나님께 모든 것을 맡기기로 하고 나의 추천을 접었다. 모든 것이 합력하여 선을 이루실 분은 하나님이라는 것을 믿었기 때문이고, 그동안 성도들에게 목사의 주장이라고 해서 무조건 따르지 말고 스스로 생각해서 아닌 것은 아니라고 말하라고 가르쳐 왔기 때문이다. 그동안 성도들이 아니라고 분명하게 말해 준 덕분에 나는 목회를 하는 동안 실수를 줄일 수 있었다. 이번의 경우에도 성도들의 반대에 아쉬움이 많았지만, 나는 조용히 나의 입장을 접었다. 아니, 사실 내가 할 수 있는 것은 아무것도 없었다.

그런데 내가 교회를 떠나 한국으로 온 후에, 우려했던 모든 일들이 현실로 일어나고 말았다. 후임 목사의 결정이 늦어지면서 교회는 흔들렸고, 결국 그 과정에서 몇몇 성도들이 교회를 떠난 것이다. 그래도 필라델피아 지역에서 영어권 회중을 가지고 있는 몇 안 되는 교회였는데, 결국 영어권 회중도 와해되고 말았다. 그 외에도 이곳에 일일이 기록할 수 없는 여러 가지 안 좋은 현상들이 나타났다.

우여곡절 끝에 교회는 공동의회를 열었고, 내가 일전에 추천한 목사님을 압도적인 지지로 청빙하기로 결정했다. 어차피 그렇게 결정할 거면 진작 그렇게 했더라면 하는 아쉬움이 남았다. 지금은 내가 그 교회를 떠날 때보다 약해질 대로 약해져 버렸기 때문이다.

그런데 가만히 생각해 보니 그게 아니다. 하나님은 힘들고 어려운 시련 가운데 그 교회에 오히려 더 좋은 것을 주신 것 같다. 나는 안쓰러운 마음에, 달걀 껍데기를 내가 직접 벗겨 주어서 병아리가 쉽게 태어나도록 돕고 싶었다. 그러나 하나님은 그 병아리가 얼마간의 부화 기간을 거친 후 스스로 껍데기를 깨고 나오기를 원하셨다. 껍데기를 깨는 힘겨운 싸움이 있어야 했고, 껍데기가 깨끗하게 벗겨지지 않아 여기저기 어지럽게 널린 모습을 보아야 했다. 그 과정을 거치고 나서야 병아리는 더욱 건강하게 클 수 있을 것이기 때문이다. 만일 나의 추천으로 쉽게 담임 목사가 되었더라면, 주어진 권위에 의존하다가 더 큰 어려움을 만나게 되었을지도 모른다. 하지만 성도들에게 신뢰를 얻는 과정을 통해 담임 목사에 취임함으로써 좀더 건강하게 사역할 수 있는 기회를 마련한 것이다. 나보다 하나님이 옳았고, 나보다 성도들의 선택이 더 옳았다.

물론 지금은 교회가 많이 약해지고 이전보다 동력을 잃은 부분이 있는 것도 사실이다. 그러나 지금까지 그래왔듯이 편법과 묘수가 아니라 하나님의 뜻이 무엇인지를 진지하게 물으며 앞으로 나아간다면, 필라델피아에서 가장 큰 교회가 될 수는 없을지라도 가장 건강한 교회로 세워질 수는 있을 것이다.

내가 목회하는 동안 필라델피아 교회 성도들은 성숙한 그리스도인의 모습을 보여 주었다. 처음 그 교회에 부임할 때 나는 30대의 젊은 목사에 불과했다. 하지만 성도들은 나를 사랑하고 격려해 주었으며, 실수가 있어도 지적하여 좌절감에 빠뜨리기보다 믿고 기다려 주었다. 내가 설교를 잘하지 못해도 다른 목사님의 설교를 들어 보라고 말하는 사람은 아무도 없었다. 오히려 내가 설교를 망쳐서 얼굴을 들지 못할 때, 나에게 찾아와 큰 은혜를 받았다고 말해 주는 성도들이 있었다. 나는 뻔히 보이는 거짓말로 나를 위로하려는 말이라 생각하면서도 큰 힘을 얻었다. 그리고 더 열심히 준비했다. 내가 미처 어느 성도에 대해서 관심을 두지 못해 문제가 생기면, 그 성도를 심방해 보았느냐고 따지기보다 오히려 "목회하는 게 힘드시지요?" 하면서 나를 격려해 주었다. 그리고 자신들이 관심을 더 쏟아야 하는데 쏟지 못해서 미안하다고 말해 주었다. 그러면 나는 얼른 눈치를 채고 그 사람을 심방하곤 했다.

그 교회에서 목회하면서 배운 하나님의 사랑은 이루 말할 수 없이 많다. 이제 다시 간절히 기도해 본다. 새로 부임하게 된 목사님과 필라델피아 교회에 하나님께서 앞으로도 영원히 함께하시기를 말이다。

예수님은 누추하고 볼품없는 모습으로 이 세상에 오셨다

예수님은 베들레헴에서 탄생하셨다. 예수님의 탄생을 알리는 신비한 별이 나타났을 때, 동방박사들은 그 별이 유대인 왕의 탄생을 알리는 별임을 깨닫고 예물을 가지고 유대 땅을 방문했다. 그들은 별을 따라가다가 유대 땅에 와서는 예루살렘 헤롯의 궁전으로 찾아갔다. 그들이 베들레헴으로 가지 않고 예루살렘으로 찾아간 이유는 아주 간단하다. 먼저 그 신비한 별이 유대인 왕의 탄생을 알리는 별이라는 생각 때문이었고, 그렇다면 당연히 왕의 궁전이 있는 예루살렘으로 가야 한다고 생각했기 때문이다. 어쩌면 그러한 결론은 누구나 생각할 수 있는 자연스러운 결론이었다.

하지만 예수님은 예루살렘의 화려한 궁전이 아니라 베들레헴이라는 조그마한 마을에서 탄생하셨다. 더군다나 성경은 아기 예수를 강보에 싸서 짐승들의 구유에 누였다고 기록하고 있다. 만일 예수님이 왕궁에서 태어나셨다면 수많은 사람들의 주목을 받았을 것이다. 하지만 베들레헴이라는 조그마한 마을의 가난한 가정에서 태어나신 예수님을 그 누가 주목했겠는가?

사람들은 웅장하고 화려한 것을 찾는다. 그래서 교회당도 멋지고 화려하게 짓는 것이 유행이다. 물론 멋지고 화려한 것이 무조건 잘못되었다는 뜻은 아니다. 정말 중요한 것을 망각해 버린 채 겉모습의 화려함에만 치중하는 게 잘못이라는 말이다. 교회당이 멋지고 주차장이 넓으면 사람들은 그 교회로 몰려든다. 찾아가기 불편하고 주차할 곳이 마땅치 않은 교회는 사람들이 찾아가지 않는다. 하지만 예수님이 화려한 왕궁이 아니라 베들레헴에서 탄생하셨다는 것은, 화려한 것만을 추구하는 우리에게 경종을 울릴 만한 이야기이다.

그런데 성경은 베들레헴에서 예수님이 탄생할 것을 예언하면서 이렇게 기록하고 있다. "또 유대 땅 베들레헴아 너는 유대 고을 중에서 가장 작지 아니하도다 네게서 한 다스리는 자가 나와서 내 백성 이스라엘의 목자가 되리라"(마 2:6, 참고. 미 5:2). 크기와 번화한 정도로 따지면 베들레헴은 별 볼일 없는 곳이었다. 하지만 예수님이 바로 그곳에서 태어나셨기 때문에 베들레헴이 결코 작지 않다고 선언되는 것이다. 예수님을 마음속에 모신 자들은 결코 작은 자들이 아니다. 온 우주의 주이시며 만유의 주이신 예수님을 품었기 때문이다. 예수님을 마음속에 영접한 자들은 결코 부족함이 없을 것이다.

그런데 우리를 결코 작지 않다 선언하시기 위해서 예수님은 가장 누추하고 볼품없는 모습으로 이 세상에 오셨다. 예수님 탄생 7백 년 전의 예언인 이사야서에서는 이렇게 기록하고 있다. "우리가 전한 것을 누가 믿었느냐 여호와의 팔이 누구에게 나타났느냐 그는 주 앞에서 자라나기를 연한 순 같고 마른 땅에서 나온 뿌리 같아서 고운 모양도 없고 풍채도 없은 즉 우리가 보기에 흠모할 만한 아름다운 것이 없도다"(사 53:1-2).

예수님의 탄생을 그린 성화를 보면 정말 아름다운 풍경이 펼쳐진다. 아기 예수는 어머니 마리아의 품에 안겨 있고, 아버지 요셉은 사랑스러운 눈길로 아기 예수를 바라보고 있으며, 목자들은 경이로운 눈으로 이 모든 광경을 지켜보고 있다. 하지만 이런 류의 그림이 실제를 제대로 드러내지 못한 것이 있다. 바로 온 우주의 주인이신 예수님이 볼품없고 누추한 모습으로 이 세상에 오셨다는 사실이다.

성냥팔이 소녀를 그린 그림은 소녀의 아름다움을 그려 내는 동시에 그 소녀가 얼마나 처량한 신세였는가를 표현해야 한다. 이처럼, 예수님의 탄생 모습도 아름다움을 그려 내는 동시에 누추한 모습을 생생하게 드러내야 옳을 것이다. 예수님은 누추하고 볼품없는 모습으로 이 세상에 오셨기 때문이다.

예전에 볼티모어 벧엘교회를 시무하신 진용태 목사님의 이민 생활 이야기를 들은 적이 있다. 목사님은 어렸을 때 시카고로 이민을 가서, 그곳에서 중고등학교를 다녔다고 한다. 그런데 동양인이고 영어를 잘 못한다고 친구들이 놀려대는 바람에, 사춘기 시절에 온갖 말썽을 피웠다고 한다. 어느 날 교장 선생님이 어머니를 학교로 불렀다. 말썽꾸러기 진용태 목사님의 문제를 이야기하기 위해서였다. 그런데 그날 진용태 목사님은 어머니의 모습을 보고 자신의 잘못을 뉘우치고 삶을 돌이켰다고 한다. 추운 겨울바람을 뚫고 초라한 모습으로 학교로 오시는 모습 그리고 교장 선생님께 한 번만 용서해 달라고 애원하시는 어머니의 모습 때문이었다. 그날 이후로 목사님은 말썽을 피우지 않고 학교를 잘 다니겠노라고 결심했다고 한다.

예수님은 바로 이와 같은 모습으로 세상에 오셨다. 잘못은 우리가 했고 죄도 우리가 지었는데, 예수님은 마치 자신이 죄인인 것처럼 누추한 모습으로 이 세상에 오신 것이다. 그리고 우리의 죄를 지고 십자가에서 피를 흘리셨다. 성탄의 계절에 우리가 보아야 할 예수님의 모습은 빤짝거리는 화려함 속의 예수님이 아니라, 우리 때문에 하늘 보좌를 버리고 이 세상에 오신 나약한 아기 예수의 모습이다。

인격과 인격이 만나야
전도가 되는 것이다

주일예배를 드리고 나오는데, 권사님 한 분이 흥분하면서 말씀하시는 모습이 보였다. 무슨 일이 있는 것일까 약간 걱정스러운 마음으로 성도들과 인사를 마친 후에 그 권사님에게로 다가갔다. 권사님은 얼마 전에 나누어 준 전도용 소책자에 대해 이야기하고 계셨다. 대화의 요지는 이랬다. "그거 효과 있습니다."

권사님에게는 오랫동안 복음을 전하려고 애쓴 대상이 있었는데, 그분은 아무리 권고해도 복음을 잘 받아들이지 않았다고 한다. 그러다가 이번에 교회에서 만든 전도용 소책자 〈오늘 우리에게 정말 필요한 것은 무엇일까?〉를 주었는데, 그분이 소책자를 읽어 보더니 단단하게 걸어 잠근 마음의 문을 60퍼센트 정도 열었다는 것이다. 권사님 말씀에 의하면, 그분은 소책자를 무려 다섯 번씩이나 정독하고 밑줄까지 그어 가며 마음속 깊은 동감을 표시하더라는 것이다.

나는 그 이야기를 듣고 기쁨을 감출 수 없었다. 한 사람이 예수 그리스도를 영접하는 것은 영적으로 본다면 하나님의 주권적 역사이지만, 인간으로서는 많은 노력과 수고가 더해져 결실을 맺게 되는 것이기 때문이다. 그런데 나는 이 소책자가 그분의 마음을 움직인 결정적인 계기였다고 생각하지는 않는다. 권사님이 수많은 사랑을 보여 주는 가운데 예수 그리스도를 소개했기에, 이번에 그 책자를 읽으면서 마음으로 동감할 수 있었던 것이라고 믿기 때문이다.

우리가 너무나 잘 알고 있듯이, 전도는 소책자나 교회당 건물이나 방송이나 인터넷 글과 같은 비인격적인 것들이 하는 일이 아니다. 인격과 인격이 만나야 전도가 되는 것이다. 소책자가 효과를 내는 것은 그 이전에 수많은 그리스도인들이 그를 인격적으로 만나 주었기 때문이지, 관계가 전혀 이루어지지 않은 상태에서 달랑 소책자만 전달되었기 때문이 아니다. 그런 방법이 효과를 내는 것이 아예 불가능한 일은 아니지만 결코 쉬운 일은 아닐 것이다.

사람을 인격적으로 만나는 것은 그 무엇보다 강력한 힘을 가진다. 콩나물시루에 물을 주면 물이 모두 밑으로 빠지는 것 같지만, 그 물에 의해 콩나물이 자라난다. 인격적 만남은 때때로 효과가 없어 보이지만 그 길이 정답이다. 단기 선교도 마찬가지다. 사람들은 단기 선교에 대해서 많은 의문을 던진다. 도대체 그 짧은 시간에 무슨 선교가 되고 전도가 될까 의심하면서 말이다. 그래서 사람들은 '단기 선교'라고 부르기보다 '비전트립'이라는 말을 즐겨 사용하는 것 같다. 아무리 생각해도 선교는 아닌 것 같아서 그렇게 이름을 붙이는 것이다. 그러나 그것은 패배주의적인 시각일 뿐이고, 선교가 무엇인지 잘 몰라서 하는 말이다. 짧은 일정이지만 우리는 선교지의 영혼들을 0.1퍼센트 움직이기 위해 단기 선교를 간다. 그 0.1퍼센트가 쌓이고 쌓여서 언젠가는 100퍼센트가 되어 그들이 주님께 돌아오게 되는 것이다. 단기 선교는 단순한 여행이 아니라 선교임에 틀림없다。

당신이 외로운 이유는
사랑해야 할 사람을
아직 사랑하고 있지 않기 때문이다

〈힐링캠프〉라는 프로그램에 배우 차인표가 손님으로 나온 것을 본 적이 있다. 차인표는 '컴패션'이라는 국제 아동 구제기관의 홍보대사인데, 마치 그날 컴패션을 홍보하는 것에 모든 것을 걸겠다고 작정한 사람 같았다. 아내가 몇 년째 개인적으로 후원을 하고 있는지라, 우리 부부도 컴패션을 잘 알고 있었다. 몇 년 전에는 컴패션 대표인 서정인 목사님이 필라델피아까지 오셔서 우리 부부와 함께 점심식사를 한 적도 있다. 그날 내가 보았던 서정인 목사님은 무척 인상 깊었고, 그 모습이 아직까지도 내 기억 속에 또렷이 남아 있다. 그런 추억들을 곱씹으며 프로그램을 시청하다 보니 공감 가는 대목이 많았다. 프로그램을 마치면서 차인표에게 별명이 하나 주어졌다. 따뜻한 인간미가 넘친다는 뜻의 "차인간" 그리고 사랑이 넘친다는 뜻의 "애인표"였다.

차인표의 이야기를 들으면서 기억에 남는 말들이 참으로 많다. 그 가운데 가장 인상에 남는 것은 "지난 몇 년간 내가 투자한 것은 곧 나이다"라는 말이다. 주식 투자를 하면서 돈을 버는 일에 관심을 가질 때는 주위에 온통 주식 투자자들이 몰려들었는데, 세계 방방곡곡에 있는 가난한 아동들을 돕는 일에 관심을 갖게 되자 주변에 그런 관심을 가진 사람들로 가득하게 되었다는 것이다. 지금 내 주위에 누가 있는지는 나의 관심사가 무엇인지를 보여 주는 가장 극명한 지표가 된다. 오로지 먹고사는 일에만 관심이 있는 사람 주변에는 그런 사람들만 모여들 것이다. 그리고 오로지 세상적인 명예를 추구하며 사는 사람에게는 그런 사람들만 주위에 모여들 것이다.

차인표는 자신이 사랑을 베풀고 나눔을 실천하면서 받은 사랑과 유익에 대해 이야기했다. 내가 사랑을 베푸는 것 같은데, 결국은 자신이 그들로부터 많은 사랑을 받고 있었다는 것이다. 내가 외로운 이유는 사람들로부터 사랑을 받지 못해서가 아니라, 내가 사랑해야 할 대상을 아직 사랑하지 않고 있기 때문일지 모른다. 주변 사람들에게 먼저 사랑의 손을 내민다고 해서 내가 손해보는 것이 결코 아니다.

종종 사랑에 목말라하며 불평하는 사람들을 만나게 된다. 왜 자신에게는 관심을 보여 주지 않느냐고 불만을 터뜨린다. 왜 사람들이 나에게는 아는 척을 하지 않느냐고 우울해한다. 그 이유는 다른 데 있지 않다. 내가 다가가서 아는 척하지 않았기 때문이고, 내가 먼저 손 내밀어 사랑을 보여 주지 않았기 때문이다. 이것은 성도 간의 관계나 부부 관계에 있어서도 마찬가지다. 남편에게 혹은 아내에게 "왜 그대의 사랑은 이처럼 부족한가"라며 불평하기보다 내가 먼저 충분히 사랑을 베풀어 보자. 마치 자녀들에게 사랑을 베푸는 것처럼 말이다. 자녀들에게 사랑을 베풀 때는 반대급부를 생각하지 않고 충분한 사랑을 베푼다. 그런데 그 베푸는 사랑 속에서 내가 행복한 것이다.

우리 교회에서도 새로운 방문자들이 올 때마다 적극적으로 다가가는 성도들이 있다. 아직 모든 것이 서툴고 어설픈 방문자들에게 사랑의 교제의 악수를 내민다. 그들이 새가족 환영팀이 아닌데도 말이다. 그들에게서 나는 또 다른 "차인간 애인표"를 본다. 내게 사랑을 베풀어 주기를 마냥 기다리는 사람보다, 먼저 다가가서 사랑을 표현하는 그들이 더 큰 사랑으로 채움받을 것이라 확신한다。

시간이 많이 걸리는 것처럼 보이지만
결과를 보면 항상 그 방법이 더 빠르다

"나무 한 그루를 베는 데 8시간을 준다면, 나는 6시간을 도끼날을 가는 데 쓰겠다." 에이브러햄 링컨 대통령이 한 말이라고 한다. 날이 무딘 도끼로 8시간을 애쓰는 것보다 날이 선 도끼로 2시간 동안 일하는 것이 훨씬 능률적이고 효과적이라는 말이다.

　미국에 유학을 간 두 친구가 있었다. 한 친구는 중간중간 탁구를 치며 여가를 즐겼다. 하지만 다른 친구는 비싼 등록금을 내고 유학까지 와서 탁구를 즐기는 것이 마음에 들지 않았다. 그는 밤낮으로 쉬지 않고 열심히 책에만 파묻혀 공부했다. 하지만 탁구를 즐기며 쉬엄쉬엄 공부를 해나가던 친구는 성공적으로 과정을 마칠 수 있었던 반면, 쉬지 않고 공부에만 매달린 친구는 결국 병에 걸려 과정을 마칠 수 없었다고 한다.

　기계도 쉬지 않고 돌리면 무리가 가고, 밭도 쉬지 않고 매년 갈면 열매를 많이 맺지 못한다는데, 사람이라고 다를 수 있을까? 하나님은 우리에게 안식의 법을 주셨다. 하나님의 법은 그 성격상 우리를 힘들게 하거나 괴롭히기 위해 만들어진 것일 수 없다. 하나님은 언제나 우리에게 더 좋은 것을 주시는 분이시기에, 안식의 법도 우리에게 유익한 법이 아닐 수 없는 것이다.

잠을 자지 않는 학생이 공부를 잘하는 것이 아니라, 충분한 잠을 통해 휴식을 얻은 학생이 맑은 정신으로 능률을 높일 수 있다. 수능을 앞둔 고등학교 3학년 학생에게 일주일에 한 번씩 쉼을 누리며 하나님을 예배하는 것이 사치스러운 일이라고 말한다면 그것은 잘못이다.

나는 집안일에 서툴다. 아내가 식탁을 옮겨 달라고 하면, 그 상태 그대로 식탁을 옮기려다가 식탁 위에 있는 물건들을 모조리 떨어뜨리고 망가뜨리기 일쑤이다. 나는 급한 마음에 빠른 시간 내에 아내의 부탁을 해치우고 싶었던 것이다. 그런데 결과적으로 보면 나는 언제나 아내가 직접 할 때보다 더 많은 시간을 들이게 된다. 떨어진 것들을 치우고 망가진 것을 고치면서 결국은 더 많은 시간 손해를 보는 것이다.

아내는 식탁을 옮길 때, 옮길 곳부터 잘 정돈한다. 그리고 식탁 위에 있는 것들을 잘 치워 놓는다. 의자도 미리 옮겨 놓고, 이래저래 준비를 다 해놓은 다음에 식탁을 옮긴다. 시간이 더 많이 걸리는 것처럼 보이지만, 결과를 보면 항상 그 방법이 더 빠르다.

당장 열심히 하는 모습은 감동을 주지만, 도끼날을 갈고 있거나 두 걸음의 전진을 위해 한 걸음 후퇴하는 모습을 보면 답답하다. 무딘 도끼를 들고 8시간 동안 땀을 흘리며 헉헉거리다가 쓰러지는 모습을 보면 박수를 치지만, 6시간 동안 도끼를 갈고 있는 사람을 보면 게으른 사람이라고 비난하는 것이다. 이 후진성에서 언제쯤 탈피할 수 있을까?

인생의 타율이
0할 5푼 9리를 기록한다 하더라도
믿어 주는 일은 반드시 필요하다

오늘은 코디 애시의 날이었다. 코디 애시는 메이저리그 첫 번째 홈런을 포함하여 5타수 3안타로 오늘의 필라델피아 팀 승리에 적지 않은 공헌을 했다. 처음 그의 메이저리그 경력은 순조롭지 못했다. 류현진처럼 다저스 팀을 서부 내셔널 리그의 선두 자리에 가게 만든 루키들도 있고, 제이슨 헤이워드처럼 메이저리그 첫 타석부터 홈런으로 전입신고를 한 선수들도 있지만, 코디 애시는 출전한 여섯 번의 경기에서 겨우 안타 하나만을 쳐서 0할 5푼 9리를 기록한 선수였다.

그런데도 필리스 감독인 챨리 매뉴얼은 안타 하나도 치지 못하는 코디

---

* 2013년 8월 8일, 필라델피아 필리스 야구단이 시카고 컵스와의 경기에서 12대 1로 크게 이겼다. 이 경기에서 수훈을 세운 코디 애시 선수를 생각하면서 쓴 글.

애시를 꾸준히 선수로 출전시켰다. 그만큼 내보낼 만한 선수가 없다는 것이 필리스의 문제일 것이다. 몇 년 전에는 월드 시리즈까지 따냈던 필라델피아에 지금은 주목할 만한 선수가 한 명도 없다. 필리스 경기를 대하는 사람들마다 필라델피아는 이제 메이저리그 팀이 아니라 트리플 에이 수준의 팀이라는 자조적인 말이 나오는 것도 어쩌면 당연한 일인지 모른다.

아무리 내보낼 만한 선수가 없다고 해도, 여섯 게임 출전에 단 하나의 안타만을 때린 신인 선수를 계속해서 기용한다는 것은 쉽지 않은 결단이다. 그 사이에 필리스 팀은 대부분의 경기에서 졌다. 그러면 다른 선수라도 내보내는 특단의 조치가 있어야 하는데, 놀랍게도 찰리 매뉴얼 감독은 계속해서 코디 애시를 경기에 내보냈다.

언젠가 찰리 매뉴얼 감독은 이런 말을 한 적이 있다. "타격 감각을 찾고 타율을 높이기 위해서는 많이 출전하는 방법밖에 없다." 필리스의 4번 타자 라이언 하워드가 슬럼프를 겪을 때, 계속해서 그를 4번 자리에서 빼지 않고 출전시키는 이유를 기자들이 묻자 찰리 매뉴얼 감독이 대답한 말이었다.

물론 찰리 매뉴얼 감독은 선수의 가능성을 보았을 것이다. 아무런 가능성도 없는 선수를 무조건 내보내는 감독은 없을 것이기 때문이다. 그는 가능성이 있다면 아무리 성적이 좋지 않더라도 좀더 참고 인내하며 기회를 주었다. 그런데 찰리 매뉴얼 감독의 그 인내심이 오늘 드디어 열매를 맺은 것이다. 코디 애시는 점점 타격감을 되찾았고, 오늘 경기에서 홈런과 2루타를 포함하여 2타점을 올리면서 단숨에 2할 3푼 1리로 타율을 끌어올렸다.

우리는 너무 조급하다. 우물에 가서 숭늉을 찾는가 하면, 당장 효과가 나지 않으면 무슨 큰 문제라도 있는 것처럼 안달한다. 하지만 인내 없이는 열매를 맺을 수 없다. 믿고 기다려 주며 그 가능성이 발휘되도록 함께 협력하는 마음이 없다면 성공을 바랄 수 없다. 아무리 인생의 타율이 0할 5푼 9리를 기록한다 하더라도, 믿어 주는 일은 반드시 필요하다.

하나님은 그런 점에서 위대한 감독이시다. 0할 5푼 9리가 아니라, 0할 0푼 0리의 엉터리 인간들을 끝까지 인내하고 기다리셨을 뿐 아니라, 그런 우리를 구원하기 위해 아들을 십자가에 내어 주기까지 하셨으니 말이다。

찬란한 보석은
투박한 원석을
다듬고 또 다듬어서 만든
노력의 산물이다

찬란한 보석은 전혀 가치 없어 보이는 투박한 원석을 다듬고 또 다듬어서
만든 노력의 산물이다. 대부분의 사람들은 보석이 될 만한 잠재력을 지닌
원석을 쉽게 분별할 수도 없고, 그 원석을 깎아 보석으로 만들 능력도 없
다. 하지만 보석 세공사는 전혀 가치 없어 보이는 원석을 찾아내어, 그것
을 수천 수백 배의 가치가 있는 보석으로 다듬는다. 우리 사회에는 이런
전문가들이 많이 필요하다.

한 사람의 스포츠 천재가 탄생하기 위해서는, 어릴 때 그 재능과 잠재
력을 발굴하여 끊임없이 개발시키는 훈련사가 반드시 필요하다. 한 사람
의 위대한 음악가가 탄생하기 위해서도 마찬가지다. 물론 훌륭한 인재가
탄생하는 데 있어서 천부적인 재능은 중요한 요소일 수 있다. 아무런 재
능도 없는 사람이 부모의 욕심 때문에 냉혹한 훈련을 거친다고 해서 탁월

한 사람으로 만들어지는 것은 아니기 때문이다. 보석의 잠재성을 지닌 원석을 다듬을 때에만 가치 있는 보석이 나올 수 있듯이 말이다.

하지만 아무리 원석이 뛰어나다 할지라도, 그 원석을 다듬을 수 있는 뛰어난 세공사가 없다면, 역시 가치 있는 보석으로 탄생하기는 불가능하다. 음악적 재능을 많이 가지고 태어나더라도, 전문적인 훈련을 받지 않는다면 훌륭한 연주가가 될 수 없는 것과 마찬가지다. 그런 점에서 에디슨의 "1퍼센트의 영감과 99퍼센트의 노력"이라는 말은 일리 있는 말이다.

원석 같은 사람을 보석으로 바꾸는 데에는 인내하는 사랑이 필요하다. 물건은 재료로서의 가능성이 떨어지면 버리고 다시 잠재력 있는 재료를 선택할 수 있다. 하지만 우리의 자녀들은 가지고 있는 잠재력이 적다고 해서 버릴 수 없다. 우리는 종종 자폐증세를 가진 아이를 힘겹게 교육하는 어머니의 모습을 보며 인간 승리의 사연을 접한다. 객관적으로 따지면 자폐아는 여러 가지 면에서 부족한 것이 많다. 하지만 부모는 부족한 것을 보는 것이 아니라, 그 아이 속에 있는 잠재력과 가능성을 본다. 이것이 바로 사랑의 능력이다.

사람은 누구에게나 장점과 단점이 있다. 사람들은 어떤 선입견을 가지고 탁월한 사람과 그렇지 못한 사람을 구분하려고 하지만, 사실 모든 사람은 장점과 단점을 동시에 가지고 있다. 어머니는 자녀의 수많은 단점 속에서도 장점을 볼 수 있는 능력이 있다. 여기에는 사랑이 있기 때문이다. 사랑으로 바라보면 길가에 버려진 하찮은 돌멩이도 무한한 가치를 지닌 보석으로 바뀔 수 있는 잠재력이 있음을 발견할 수 있다.

우리는 교회에서 만나는 사람들이 성인군자가 아니라 나와 똑같이 부족하고 연약한 사람이라는 사실을 종종 잊는다. 어떤 청년이 스펄전 목사님에게 와서 이렇게 질문했다고 한다. "목사님, 저는 교회를 다니면서 사람들의 한심한 모습 때문에 많은 상처를 받았습니다. 어디 좋은 교회 없습니까? 서로를 위해 주고 사랑도 많은 완벽한 교회는 없습니까?" 그러자 스펄전 목사님은 청년에게 이렇게 대답했다고 한다. "이보게, 사실은 나도 아직 그렇게 완벽한 교회를 만나지 못했다네. 그대가 열심히 찾아 보게. 그리고 찾거들랑 내게 알려 주게." 이 말을 들은 청년은 실망감을 감추지 못하고 돌아가려고 했다. 그러자 스펄전 목사님은 다시 그 청년에게 말했다. "이보게, 만일 자네가 정말 좋은 교회를 발견하거든, 한 가지 부탁을 하고 싶네." 무슨 소리인가 하여 뒤돌아보는 그 청년을 향해서 스펄전 목사님은 이렇게 말했다고 한다. "그 교회를 찾거든 제발 그 교회에 다니지 말게나. 자네가 그 교회에 다니기 시작하는 순간, 그 교회는 더 이상 완벽한 교회가 아니게 될 것이니까."

우리는 보석처럼 완전히 잘 다듬어진 교회를 찾아다니고, 멋있고 화려한 것을 갈망한다. 하지만 그런 교회는 이 세상에 없다. 그런 성도는 이 세상에 없다. 성경은 우리가 하나님 앞에 서는 그날에야 온전해질 것이라고 가르친다. 그렇다면 완벽한 교회와 성도를 찾아 헤매기보다, 아직 완전히 다듬어지지는 않았지만 성도들과 함께 신앙 공동체를 이루어 '철이 철을 날카롭게 하듯' 함께 성화의 길로 나아갈 교회를 찾는 것이 현명한 일 아닐까?

사실 교회는 바로 이 목적 때문에 존재한다. 나 혼자 있으면 다듬어질 수 없기에, 성도들과 함께 신앙의 연단 속에서 그리스도의 장성한 신앙의 인격에까지 성숙해 나가도록 노력하는 것이다. 그 과정에서 우리는 서로에게 상처를 주거나 심각한 어려움을 겪을 수도 있다. 하지만 그것 때문에 실망할 필요는 없다. 완벽한 다이아몬드 같은 성도를 찾아 떠나는 것도 바람직하지 않다. 내가 있음으로 그들이 원석에서 보석으로 다듬어질 수 있고, 그들이 있음으로 내가 원석에서 보석으로 깎여져 나갈 수 있기 때문이다.

함께 신앙생활을 하면서 원석이 보석으로 바뀔 수 있을까? 이 질문에 대한 답은 확실하다. 이미 예수님은 우리를 위해 십자가를 지셨고, 사탄의 권세를 물리치셨다. 우리는 이길 수밖에 없는 영적 전투를 하고 있는 것이다. 우리가 걷는 신앙의 여정은 중간에 실패할 리 없는 승리의 길이다. 그렇다면 우리는 광야의 길을 걸을 때에도, 예수 그리스도를 통해 엄청난 변화가 일어나 가치 있는 자들로 변화될 그날을 소망할 수 있을 것이다. 나는 예수 그리스도 안에서 이 사실을 믿는다.

3부

: :

떡보다

표적

좋은 선물 때문이 아니라
하나님의 사랑과 은혜의 풍성함 때문에
감사하는 것이다

"여호와께 감사하라 그는 선하시며 그 인자하심이 영원함이로다"(시 136:1).
이렇게 시작하는 시편 136편은 감사의 시 가운데 하나이다. 누가 지은 시
인지는 알려져 있지 않지만, "그 인자하심이 영원함이로다"라는 반복 후
렴구가 매우 인상적이다. 마치 우리나라 경상도 민요 "쾌지나 칭칭 나네"
를 연상시키기도 한다. 선창하는 이가 무엇인가를 노래하면, 다같이 "쾌
지나 칭칭 나네"로 화답하는 민요처럼, 시편 136편도 선창하는 이가 "주
들 중에 뛰어난 주께 감사하라"고 부르면, 다 같이 흥에 겨워 "그 인자하
심이 영원함이로다"라고 후렴구를 반복하지 않았을까 싶다.

이 시편의 거의 마지막 부분을 보면 "모든 육체에게 먹을 것을 주신 이
에게 감사하라"고 노래를 부른다. 그래서 아마도 추수 때 부르던 노래가
아니었을까 추정하는데, 사실 추수에 대한 이야기보다는 이스라엘의 역

사를 회고하는 내용이 주를 이룬다. 9절까지는 하나님의 천지창조를 회상하면서 하나님께 감사하는 내용이 기록되어 있고, 10절부터 16절까지는 이스라엘 민족이 이집트의 종살이에서 해방되어 출애굽하던 역사를 회고하고 있으며, 17절부터는 이스라엘 민족이 가나안 땅을 어떻게 정복했는지를 노래하고 있다. 구약성경의 역사를 간단하게 회고하는 듯하면서도, 회고하는 시점이 추수와 관련이 있는 것 같다.

아마도 이 시편은 이스라엘 민족이 가나안 땅에서 풍성한 곡식을 거두게 된 것을 기억하면서, 어떻게 자신들이 이 땅에서 추수할 수 있게 되었는지 그 배경을 하나씩 역으로 추적한 것이 아닐까? 이 땅에서 풍성한 수확을 거둘 수 있었던 것은 하나님께서 가나안 땅을 자신들에게 주셨기 때문이고, 그 이전에 이집트에서 건져 주셨기 때문이며, 태초에 하나님께서 해와 달과 별을 만드신 사건이 있었기 때문이다. 이스라엘 민족은 오늘날 곡식 한 톨을 얻게 되기까지는 우연이 아니라 천지창조로부터 이어지는 하나님의 은혜와 섭리가 있었다는 생각을 갖고 있었던 것이다.

우리도 이 시편의 노랫말처럼, 우리의 삶을 반영한 감사의 시편을 노래할 수 있을 것이다. 우리가 지금 이곳에서 밥 한술 뜰 수 있게 된 이유는 무엇인가? 하나님께서 그동안 우리를 보호하시고 인도하신 그 섭리와 사랑 때문이 아닌가? 하나님께서 오래전에 우리를 하나의 가정으로 엮어 주신 은혜도 있었고, 지금까지 인도하신 은혜도 있었으며, 주변에서 다양한 사람들을 만나게 하신 은혜도 있었다. 지금까지 우리의 삶을 인도하신 하나님의 은혜를 회고하면 좋겠다.

그런데 시편 136편은 감사하게 된 내용들을 구체적으로 열거하면서도, 그 후렴구는 언제나 "그 인자하심이 영원함이로다"라고 반복하고 있다. 이 시편의 기자는 하나님께서 좋은 선물을 주셨기 때문이 아니라, 그 선물을 주신 하나님의 사랑과 은혜의 풍성함 때문에 감사하는 것이다. 신앙 생활에서 선물과 선물을 주시는 이를 구분하는 것은 매우 중요하다. 우리 가 이 세상에서 받는 모든 것들은 하나님 사랑의 풍성함을 생각하게 하 는 방편이지, 그 자체가 목적이 되어서는 안 된다. 사탄의 계략은 선물을 주시는 하나님에 대해서는 잊게 만들고 그 선물 자체에 온갖 관심을 쏟게 만드는 데 있다.

시편 기자의 노래처럼, 하나님은 선하신 분이며 하나님의 인자하심은 영원히 변치 않는다. 힘들고 어려운 고난의 골짜기를 지날 때도 있고, 이 해할 수 없는 상황으로 인도될 때도 있지만, 한 가지 확실한 것은 하나님 은 여전히 선하신 분이며 그 사랑과 인자하심이 영원히 변치 않는다는 사 실이다. 하나님은 우리를 사랑하시되 그 아들을 십자가에 내어 주기까지 사랑하시지 않았는가?

사람의 생명이
그 소유의 넉넉한 데 있지 아니하니라

(눅 12:15)

어떤 사람이 무리 가운데 나와서 예수님께 이런 부탁을 한 적이 있다. "선생님 내 형을 명하여 유산을 나와 나누게 하소서"(눅 12:13). 예수님 당시에는 랍비들이 재판관 역할을 했다고 하니, 예수님께 이런 부탁을 하는 것은 어쩌면 자연스러운 일이었을 것이다. 만일 누군가 내게 어떤 골치 아픈 문제를 해결해 달라고 하면, 나는 속으로 좋아할 것 같다. 자신들의 문제를 가지고 와서 부탁할 정도로 나를 인정한다는 뜻이기 때문이다. 하지만 예수님은 그러한 간청을 들었을 때 상당히 섭섭하셨던 모양이다. "이 사람아 누가 나를 너희의 재판장이나 물건 나누는 자로 세웠느냐"(눅 12:14).

예수님은 그 사람에게 '어리석은 부자'의 비유를 들려 주셨다. 비유의 내용은 이랬다. 어떤 부자가 있었는데, 그 부자의 밭에 풍년이 들어 수많은 곡식을 거두게 되었다. 그런데 그 소출을 쌓아 둘 만한 마땅한 장소가 없자, 부자는 더 큰 창고를 짓고 그곳에 곡식을 저장했다. 그런데 예수님은 이 이야기를 하시면서 그 사람을 "어리석은 자"라고 평가하셨다. 도대체 이 부자가 잘못한 게 무엇이란 말인가? 만일 이 부자와 동일한 상황에 놓인다면 당신은 어떻게 할 것인가? 아마 우리도 똑같이 행동하지 않았겠는가? 그런데 예수님은 왜 그의 행동이 어리석다고 평가하신 것일까?

사실 미래를 위해 물건을 저장한 사실보다, 그 물건을 저장하고 난 후 부자가 던진 말에 잘못이 있었다. 그는 속으로 이렇게 말했다. "영혼아 여러 해 쓸 물건을 많이 쌓아 두었으니 평안히 쉬고 먹고 마시고 즐거워하자"(눅 12:19). 그의 일차적인 잘못은 물질에서 안식이 온다는 생각에 있었다. 사실 그런 생각은 우리들의 마음속 깊은 곳에도 자리 잡고 있다. 물질이 많아야 안식이 온다는 생각 말이다. 하긴 "곳간에서 인심 난다"는 속담도 있듯이, 물질이 많으면 여유롭고 물질에 쪼들리면 인생이 괴롭게 되는 것이 사실이다. 재정적으로 힘들면 쉽게 짜증이 나고 마음의 평안함이 사라지는 반면, 재정적으로 풍요하면 상대적으로 마음이 여유로워지기 때문이다.

그래서 우리는 부자가 되는 것이 정답이라고 생각하고 모든 것을 거기에 건다. 부자가 되어야 하니까 좋은 직장에 들어가야 하고, 좋은 직장에 가야 하니까 좋은 대학에 들어가야 하고, 좋은 대학에 가야 하니까 학원도 가야 한다. 그래서 부모들은 자식들을 위해 온갖 고생을 하더라도 돈 버는 일에 혈안이 되어 있는 것이다.

하지만 예수님의 대답은 정반대였다. "삼가 모든 탐심을 물리치라 사람의 생명이 그 소유의 넉넉한 데 있지 아니하니라"(눅 12:15). 사탄은 끊임없이 우리의 행복이 '돌로 떡을 만들어 먹는 것'에 달려 있다고 말한다. 그

래서 수단과 방법을 가리지 않고 돈을 버는 일에 기를 쓴다. 하지만 돈
은 신기루에 불과하다. 우리를 평안하게 해줄 것처럼 멀리서 유혹하지만,
그 신기루를 쫓아 달려가다 보면 우리는 결국 탈진하고 불행한 삶을 살게
된다. 비유에 등장하는 부자는 그런 의미에서 많은 곡식을 모으고, 그것
에서 안식을 추구하려고 했던 것 같다. 하지만 우리는 그렇게 하지 말아
야 한다. 우리는 일주일 내내 쉬지 않고 일을 하면 더 많은 돈을 벌 수 있
다는 사실을 안다. 하지만 주일에는 일을 중단하고 하나님을 예배해야 한
다. 우리의 안식과 생명이 물질에 달려 있지 않음을 고백하는 것이다. 또
한 우리는 구두쇠처럼 아끼고 절약해야 더 많은 돈을 벌 수 있다는 사실
을 안다. 하지만 주변의 가난한 사람들을 돕고 하나님 나라를 위해 재화
를 사용하면서, 우리의 안식과 생명이 물질에 달려 있지 않음을 고백하는
것이다.

하나님의 뜻을 발견할 수 없는 것은
우리가 말씀에 귀 기울이지 않았기 때문이다

신앙생활이란 쉽기도 하지만 어렵기도 하다. 신앙생활이 쉬운 이유는 무언가 대단한 일을 해야만 구원받는 게 아니라, 단순히 예수님을 믿기만 하면 되기 때문이다. 세상에 이보다 쉬운 일이 없다. 하지만 신앙생활이 어려운 이유는 우리가 믿는 대상이 눈에 보이지 않고 손으로 만질 수 없다는 데 있다. 눈에 보이고 손으로 만질 수 있는 것을 믿으라 하면 믿겠는데, 아무런 감각이 없는 영적인 것을 믿으라 하니 어려운 것이다.

성경에는 수많은 신앙의 위인들이 등장한다. 그들의 신앙은 우리가 감히 따라갈 수 없을 만큼 위대해 보인다. 하나님은 어느 날 갑자기 아브라함에게 나타나셔서 "너는 너의 고향과 친척과 아버지의 집을 떠나 내가 네게 보여 줄 땅으로 가라"(창 12:1)고 말씀하셨다. 그런데 놀랍게도 아브라함은 목적지가 어디인지도 모른 채 그저 하나님께서 지시하시는 땅으로 갔다. 그래서 우리는 아브라함을 믿음의 조상이라고 부르는 것이다.

하지만 솔직히 말해서 그의 믿음이 아예 불가능해 보이지는 않는다. 눈앞에 하나님이 나타나서 내게 직접 말씀하신다면, 하나님의 요구가 아무리 어려운 것이라 할지라도 순종할 수 있을 것 같기 때문이다. 남자를 안적이 없는 마리아가 임신했다는 소식을 들었을 때, 그녀의 남편 요셉은 기꺼이 그 말씀을 받아들였다. 그의 눈앞에 천사가 나타났기 때문이다. 또한 노아가 구름 한 점 없는 하늘 아래서, 그것도 산 위에 엄청난 규모의 배를 지을 수 있었던 것은 그가 하나님의 음성을 직접 들었기 때문일지모른다.

우리가 신앙생활에 어려움을 느끼는 이유는, 그러한 일이 오늘날에는 일어나지 않는 것처럼 보이기 때문이다. 물론 요즘에도 하나님을 직접 보았다거나 하나님의 음성을 들었다는 사람들이 있다. 하지만 그들의 말에 현혹될 필요는 없다. 단도직입적으로 말하면, 하나님의 음성을 직접 들었다고 말하는 사람들은 대체로 가짜일 가능성이 많다. 하나님은 전능하시기에 오늘날에도 그 옛날처럼 초자연적으로 특수한 사람들을 선택하여 말씀하실 수 있을 것이다. 하지만 이제는 하나님의 말씀이 완결되어 우리에게 성경으로 주어졌다. 이외에 다른 어떤 특별한 계시를 기대하는 것은 바람직하지 않으며, 더 나아가 미래의 일을 예언하려는 행위는 성경에서 금한 복술에 해당될 수도 있다. 그러한 복술에 하나님의 이름을 거명하는 것은 하나님의 이름을 망령되이 일컫는 일이다.

그렇다고 해서 하나님께서 오늘날 침묵하시는 것은 아니다. 여전히 하나님은 우리에게 말씀하신다. 우선 하나님은 성경을 통해 말씀하신다. 성경에는 하나님의 뜻이 분명하게 드러나 있다. 더 나아가, 성경은 사람들 속에 하나님을 알 만한 것이 있다고 기록하고 있다(롬 1:19). 이 말씀은 하나님께서 자신을 사람들에게 계시하셨다는 뜻이다. 그리고 단순히 하나님의 존재 자체를 증명하셨다는 의미를 넘어서서, '하나님의 뜻'이 무엇인지를 사람들에게 보여 주셨다는 말씀이다.

그런데 문제는 우리가 하나님의 말씀에 귀 기울이기보다 육체의 소욕을 따르기를 좋아한다는 데 있다. 만일 우리가 마음속에 들려주시는 하나님의 음성을 계속해서 외면한다면, 우리의 양심은 화인맞게 되어 더 이상 하나님의 음성을 듣지 못하는 상태가 될 것이다. 하나님께서 말씀하시더라도 더 이상 그 음성을 분별할 수 없게 되는 것이다. 하나님께서 말씀하실 때 애써 외면하여 성령을 근심하게 하지 말아야 한다(엡 4:30). 우리가 던져야 할 질문은 '과연 이 일을 하나님께서 기뻐하실까'이다.

신앙으로 돌아서는 가장 효과적인 방법은
세상 유혹에 타협하지 않는 '단호함'에 있다

많은 사람들이 여행 후유증을 경험한다. 특히 시차가 많이 나는 나라로 해외여행을 다녀오면 그 괴로움은 배가 된다. 긴 비행 시간을 견디는 것도 모자라, 여행 후 2, 3주 동안은 시차 적응으로 고생하기 때문이다. 가장 자연스러운 시차 적응법이 있다면, 그것은 졸릴 때 자고 정신이 말짱할 때 활동하는 것이다. 그렇게 몇 주 동안 지내다 보면 자연스럽게 시차 적응이 된다. 하지만 이 방법은 낮에 직장에 나가지 않아도 되는 몇몇 특권층만이 누릴 수 있는 호화로운 방법이다. 여행에서 돌아온 직후부터 바쁘게 뛰어다녀야 하는 대부분의 사람들에게는 해당되지 않는 것이다.

나에게는 나만의 시차 적응법이 있다. 이 방법은 내가 미국에서 지내던 2001년에 우연히 발견한 방법인데, 그 이후로 어느 정도 효과가 있었다. 물론 사람들마다 신체적 특성이 다르니 모든 사람에게 적용할 수는 없겠지만, 그 비법을 공개한다. 보통 한국에서 미국으로 돌아오면 아무리 밤 늦게 자더라도 새벽 일찍 잠을 깨기 마련이다. 아직 신체는 낮잠을 잔 것처럼 느끼기 때문이다. 2001년에 한국에서 보스턴으로 돌아왔을 때, 나는 새벽 1시경에 눈을 붙일 수 있었다. 그렇게 3시간 정도 잤을까? 4시경에 다시 눈이 떠지는 것이다. 그래서 어쩔 수 없이 아침에 활동을 하다가 오후에 필라델피아로 운전을 하며 내려왔다. 중간에 코네티컷 하트포드에 들러 지인 목사님에게 한국에서 가져온 물건을 전달하고, 주일에는 필라델피아에서 예배를 드릴 생각이었다. 물건을 전달하고 2시간 정도 운전하다 휴게소에 들렀는데, 당황스럽게도 내가 엉뚱한 물건을 전달했다는 사실을 그제야 깨달았다. 하는 수 없이 전화를 하고 다시 1시간 정도 하트포드 쪽으로 올라가, 미리 마중나온 사람을 만나 물건을 전달하고 다시 필라델피아로 향했다.

졸음이 와서 미치겠는데 운전을 해야 하니 잘 수도 없었다. 그래도 저녁 8시쯤이면 필라델피아에 도착할 수 있을 것이라 생각했다. 그런데 웬걸? 그날 따라 필라델피아 지역에 집중호우가 쏟아져, 고속도로 출구가 꽉 막혀 버린 것이다. 달팽이처럼 기어가는 차를 끌고 필라델피아 숙소에 도착하니 새벽 1시가 되고 말았다. 그날 밤 나는 기절한 듯 잠들었고 다음 날 아침 8시에 일어났다. 그러고는 그날 정상적으로 활동하고 밤 11시에 다시 잠을 청할 수 있었다. 첫날 잠을 자지 않고 버텼더니 몸이 시차 적응을 빠르게 한 것이다.

그 이후로 해외에서 돌아오면, 다음 날 아침은 아무리 일찍 일어나도 자지 않고 버티다가 1, 2시경에 잠을 청한다. 그러면 잠을 푹 자고 그다음 날 늦게 일어나게 된다. 자기 전에 멜라토닌이라는 호르몬제를 먹는 것도 도움이 된다. 물론 이러한 억지스러운 방법이 과학적으로 신체에 어떤 영향을 미치는지에 대해서는 조사한 바가 없으니, 내 글을 읽고 무리하게 따라하는 사람은 없었으면 좋겠다. 하지만 적어도 바쁘게 살아야 하는 나에게는 이것이 최선의 방법이었다.

시차 적응법에 대해 생각하면서, 어쩌면 불신앙의 삶에서 신앙의 삶으로 이동하는 것도 마찬가지가 아닐까 묵상해 본다. 나는 영적인 시차 적응에도 이러한 '단호함'이 필요하다고 생각한다. 물론 예수 그리스도를 믿고 하나님 나라의 백성이 된다고 해서 모든 삶이 단번에 바뀌는 것은 아닐 것이다. 세상 나라에 속해 있던 버릇들이 천국의 시차에 적응하는 과정에서 나오는 것은 어쩌면 자연스러운 현상이기 때문이다. 하지만 그럼에도 신앙으로 돌아서는 가장 효과적인 방법은, 세상의 온갖 유혹에 타협하지 않는 단호함에 있다고 생각한다. 하나님 나라의 백성이 되었음에도 여전히 세상 나라의 시각에 맞추어 사는 삶을 속히 버렸으면 좋겠다.

막다른 길로 내달리는 사람을 보고도
침묵하는 것은 죄다

홍수 주의보가 발효되었지만 대수롭지 않게 생각했다. 하룻밤 사이에 비가 오면 얼마나 왔을까 싶기도 했고, 얼마 전 그렇게 호들갑 떨던 허리케인도 결국 별 문제 없이 지나갔으니 말이다. 그래서 비교적 조용한 이번 홍수 주의보도 별일 아닐 것이라 생각했다. 작은아이 학교도 정상적으로 열었고, 마을을 통행하는 데에도 아무런 지장이 없었다.

그런데 동네를 빠져나오자 문제의 심각성을 깨달았다. 차를 운전하면서 교회로 가고 있는데, 필라델피아 쪽으로 가는 고속도로가 홍수로 인해 막혀 버렸다는 교통정보가 나오는 것이다. 높은 지대에 있는 고속도로가 막혀 있다니? 처음에는 고개를 갸우뚱했지만, 고속도로에 진입하자 문제를 실감하지 않을 수 없었다. 교회로 향하는 모든 길이 정체였다. 그래도 결국은 목적지에 도착할 수 있겠거니 생각하며, 평상시 5-7분 정도면 갈 수 있는 거리를 두 시간이 넘게 걸려 가보았다. 그런데 앞에서 경찰차가 길을 가로막더니 차량들을 돌리고 있는 것이 아닌가? 이렇게 막혀 있는 곳을 향해서 두 시간이나 인내하며 와야 했다니? 누군가 앞에서 안내라도 해주었으면 이런 헛수고는 하지 않았을 텐데 말이다.

나는 차를 돌려 고속도로를 향해 돌아가면서 다른 차들에게 손짓을 해댔다. "길이 막혀 있으니 그쪽으로 가봤자 허탕입니다! 여기서 차를 돌리는 게 낫습니다"라고 이야기하면서 말이다. 창문을 내리고 무슨 일인지 묻는 사람들도 있었다. 나는 그 사람들에게 외쳤다. "체스넛 힐 대학에서 길이 막혔어요. 그 이상 갈 수 없어요!" 몇몇 사람들은 내 말을 듣고 차를 돌리기 시작했지만, 어떤 사람들은 무작정 기다리며 가던 방향으로 계속 갔다. 나는 한 사람이라도 헛된 발걸음을 하지 말라고 계속해서 소리를 질렀다.

라디오에서는 다른 쪽 출구도 막혔다는 보도가 나오고 있었다. 교회를 가려면 하는 수 없이 다른 길로 우회해야겠다고 생각하여 고속도로에 진입했다. 그런데 그곳 차량도 전혀 꼼짝하지 않았다. 나는 하는 수 없이 포기하고 집으로 돌아와야만 했다. 집에서 출발한 지 세 시간 넘게 길에서 헤맸지만, 교회는 가보지도 못하고 돌아와야 했던 것이다.

집에 와보니, 지인들의 집이 물에 잠긴 사진이 페이스북에 올라와 있었다. 이번 홍수가 매우 심각했음을 생생하게 느낄 수 있었다. 마치 10년 전 홍수 때와 비슷한 것 같았다. 그때도 여러 지역이 물에 잠겨 고속도로가 마치 주차장 같았는데 말이다. 그때 나는 한국에서 돌아온 지 얼마 되지 않았는데, 시차 적응이 안 되어 졸음이 쏟아지는 상황에서 고속도로에 갇혀 있어야만 했었다. 덕분에 단 하루 만에 시차 적응 완전 해결의 비법을 그때 발견하긴 했지만 말이다.

성경은 우리의 삶이 이생으로만 끝나지 않고, 죽음 뒤에 심판이 있을 것이라고 기록한다(히 9:27). 그리고 그 심판에서 살아남을 수 있는 유일한 길은 예수님뿐이라고 가르친다. "아들을 믿는 자에게는 영생이 있고 아들에게 순종하지 아니하는 자는 영생을 보지 못하고 도리어 하나님의 진노가 그 위에 머물러 있느니라"(요 3:36).

그래서 외치게 되는 것이다. 그 길은 막다른 길이니, 여기서 당신의 삶의 방향을 돌리라고! 홍수로 세 시간 이상을 고생했지만, 오히려 하나님께 감사할 뿐이다。

만일 하나님이 우리를
건져 주시지 않는다 해도
믿음을 버릴 수 없다

그리스도인 중에도 점을 보거나 굿을 하는 사람들이 있다는 말을 가끔 듣긴 했지만, 이야기하기 좋아하는 사람들이 하는 근거 없는 말이겠거니 하고 치부하곤 했었다. 성경에서 요구하는 신앙은 너무나 단호하고 배타적이기에, 제대로 된 그리스도인이라면 당연히 미신적인 행위를 하지 않으리라 생각했기 때문이다.

그런데 최근에 이런 생각을 바꾸어 놓는 이메일 한 통을 받았다. 예전에 우리 교회에서 신앙생활을 하던 형제로부터 온 것이었다. 그 형제는 몇 번의 입사 시험에서 연속적으로 고배를 마셨다고 한다. 그런데 형제의 어머니가 아들에게 무슨 문제가 있는지 묻기 위해 용하다는 점쟁이를 찾아갔다는 것이다. 점쟁이는 그 형제의 이름 때문에 앞길이 막힌 것이라며 개명을 권고했다고 한다. 형제의 어머니는 교회에 다닌 지 10년이나 되었지만, 여전히 마음 한구석에는 미신적인 사고가 사라지지 않고, 인생의 중요한 문제들이 있을 때마다 미신에 의존한 것이다. 그 청년은 이름을 개명하라는 어머니의 완고한 고집을 어떻게 하면 좋겠느냐고 문의해 왔다.

그동안 소문으로만 듣던 이야기를 사실로 확인하게 되자 씁쓸함을 느끼지 않을 수 없었다. 언제나 그렇듯, 사실 그 자체보다 사실을 확인하게 되는 것이 더 괴로운 법이니까 말이다. 형제의 어머니는 이미 10년 동안 교회를 다녔다는데, 새벽기도에서 돌아와 곧바로 점쟁이에게서 점괘를 보았다고 하니 아연실색할 노릇이다. 아무리 그분이 미신의 배경에서 평생을 살아왔다지만, 목회자의 한 사람으로서 참으로 마음이 착잡하다.

그런데 가나안 땅에 살던 이스라엘 사람들도 그랬다. 그들은 야훼 하나님을 섬겼지만, 동시에 가나안 사람들이 섬기던 여러 우상들도 함께 섬겼다. 농사를 짓고 살았던 이스라엘 민족은 비를 뿌려 준다는 바알 신을 섬기기도 했고, 아이를 많이 낳게 해준다는 신도 섬겼다. 우상은 우리가 절실하게 필요로 하는 것을 주겠다고 약속한다. 그래서 어떤 병에 걸리면 그 병을 치료하는 특효약을 찾듯이, 사람들은 인생의 문제를 만날 때마다 그 문제에 특효가 있다는 우상을 찾는다. 결국 이스라엘 민족의 문제는 하나님을 버린 것이라기보다는, 하나님과 더불어 또 다른 우상들을 섬긴 데 있었던 것이다.

이처럼 편리한 신앙생활도 없다. 여러 가지 문제에 대비해 각종 보험을 들어 놓듯이, 여러 종교를 통해 인생의 문제들을 해결하고 불확실한 미래를 한꺼번에 보장받고 싶어하는 인간의 심리가 여기에 있는 것이다.

나는 형제에게 다니엘서의 말씀을 보내 주었다. "사드락과 메삭과 아벳느고가 왕에게 대답하여 이르되 느부갓네살이여 우리가 이 일에 대하여 왕에게 대답할 필요가 없나이다 왕이여 우리가 섬기는 하나님이 계시다면

우리를 맹렬히 타는 풀무불 가운데에서 능히 건져 내시겠고 왕의 손에서
도 건져 내시리이다 그렇게 하지 아니하실지라도 왕이여 우리가 왕의 신
들을 섬기지도 아니하고 왕이 세우신 금 신상에게 절하지도 아니할 줄을
아옵소서"(단 3:16-18).

다니엘의 세 친구인 사드락과 메삭과 아벳느고는 바벨론 땅에서 왕의
형상을 따라 만든 신상에 절하라는 요구를 거절했다. 이 요구는 그들이
가지고 있는 신앙을 버리고 신상에 절하라는 양자택일의 요구가 아니라,
야훼 신앙을 마음껏 가져도 되지만 동시에 신상에도 함께 절하라는 요구
였던 것이다. 하지만 다니엘과 세 친구는 신상에 절하지 않는 형벌로 자
신들을 용광로에 던진다 해도 야훼 하나님은 우리를 살려 주실 것이며,
설사 살려 주지 않으신다 하더라도 왕의 신상에는 절할 수 없다고 대답했
다. 물론 다니엘서의 이야기는 해피엔드로 끝났다. 하나님께서 개입하셔
서 그들을 용광로 속에서 건져 주셨기 때문이다.

하지만 우리가 주목해야 할 것은, 만일 하나님께서 우리를 건져 주시지
않는다 해도 믿음을 버릴 수 없다는 것이다. 어쩌면 그 형제가 미신을 거
부하고(이름을 바꾸지 않고) 다시 한 번 도전하는 입사시험에 보기 좋게 합
격하여 미신이 틀렸다는 것을 증명할 수도 있다. (나는 그 형제가 그렇게 되기
를 바란다.) 하지만 반대로 시험에서 또다시 낙방할 수도 있다. 합격이냐 불
합격이냐의 여부는 믿음을 지켰느냐 지키지 않았느냐의 문제와는 별개이
기 때문이다. 미신을 따른다고 해서 모두가 합격할 수 없는 것처럼, 신앙
을 지킨다고 해서 모두가 합격할 수 있는 것도 아니다. 합격하는 소수의
사람이 있기에 불합격하는 다수의 사람이 존재하는 것뿐이다.

참된 종교의 여부가 효용성에 있지 않음을 기억하면 좋겠다. 만일 하나
님께서 신앙을 가진 사람들을 이 세상에서 모두 잘되게 하신다면, 신앙

을 갖지 않을 사람은 아무도 없을 것이다. 하나님은 불신자와 행악자 중에 부자가 되어 편안히 인생을 살다가, 죽을 때에도 아무런 고통 없이 인생을 마치는 사람들이 있도록 허용하셨음을 기억해야 한다(시 73편).

민음을 지켜야 하는 이유는 이 세상에서 복을 받기 위해서가 아니다. 하나님께서 참되신 분이며, 그 하나님께서 우리를 사랑하셨고, 우리를 위해 아들을 내어 주셨기 때문이다. 우리는 하나님의 자녀이기에 민음으로 나아가야 한다. 시험에서 낙방하거나 병에 걸려 목숨을 잃게 된다 하더라도, 그것은 하나님께서 우리를 생각하시지 않거나 돌보시지 않음을 의미하지 않는다. 하나님은 여전히 우리의 하나님이시며, 우리는 여전히 하나님의 자녀이다. 그래서 우리는 민음으로 하나님께 나아가야 하는 것이다.

엄마의 품속에 안긴 아기는
전쟁의 포성 속에서도
평안할 수 있다

얼마 전에 한 그리스도인 지인을 만났는데, 그분은 내게 예수님의 재림이 빨리 왔으면 좋겠다고 말했다. 나는 그 말을 듣고 놀라움을 금할 수 없었다. 대부분의 사람들은 이 세상에서 오랫동안 살고 싶어 하는 소망이 있기 때문이다. 물론 그 말이 정말 그분의 마음을 반영하는 것인지 그냥 입으로만 하는 말인지는 확인할 방법이 없다. 아무튼 그분의 표현만큼은 적어도 보통 사람들의 생각과 다른 것 같았다.

그런데 그분은 한마디를 덧붙였다. 예수님의 재림이 빨리 와서 하나님과 천국에서 영원히 살고 싶기는 한데, 예수님이 재림하시기 전에 있다고 성경이 기록하는 "7년 대환란"이 마음에 걸린다는 것이다. 그 지독한 고통의 세월을 어떻게 견딜 수 있을지 두렵고, 그래서 예수님의 재림을 바라면서도 한편으로는 무섭다는 것이다.

그 말을 듣고 나는 이렇게 대답했다. "7년 대환란이 있을 것이라는 주장은 성경을 문자적으로 해석하는 일부 기독교 계통의 해석일 뿐입니다." 사실 성경을 어떻게 해석하느냐에 따라 "7년 대환란"에 대한 이해에는 차이가 있을 수 있다. 성경 학자들 사이에서도 7년 대환란에 대한 의견이 분분하기에, 과연 종말의 때에 정말 7년 대환란이 있을 것인지 단언하기 어렵다.

나는 계속해서 그분에게 말했다. "백 보 양보해서 일부 그리스도인이 주장하는 것처럼 7년 대환란이 실제적으로 있다고 하더라도, 그 기간이 끔찍하고 괴로운 고통의 기간일 수만은 없습니다." 정말 끔찍한 고통의 기간이 있다 하더라도, 하나님은 우리를 고아와 같이 내버려 두시지 않고 사랑으로 함께하실 것이기 때문이다. 우리가 사망의 음침한 골짜기를 다 닐지라도 두려워하지 않을 이유는, 목자되신 하나님께서 우리와 함께하시기 때문이다(시 23:4). 오히려 그 기간은 하나님의 은혜를 더욱 깊이 깨닫는 시간이 될 것이며, 하나님의 사랑을 생생하게 체험하는 시간이 될 것임에 틀림없다.

우리는 삶에 아무런 고통이 없고 그저 행복한 나날들만 있기를 소망한다. 어쩌면 그것은 우리가 가지고 있는 기본적인 욕구일 것이다. 하지만 인생을 살아가는 동안에는 결코 행복하기만 할 수 없다. 하나님 앞에 서는 그날이 되기 전에는 그리고 영원한 안식을 누리는 그날이 오기 전에는 항상 고통이 따를 수밖에 없다.

이스라엘 민족도 가나안 땅으로 가기 위해 40년 동안 광야에서 고통의 행군을 해야 했다. 광야는 인생의 실존을 그대로 반영하는 곳이었다. 사막의 뜨거운 태양 아래서 심한 갈증을 느껴야 했고, 먹을 것을 구하는 것조차 쉽지 않았다. 낮에는 뜨거운 열사를, 밤에는 한기를 견뎌야 했으며 야생 동물의 위협으로부터 늘 불안에 떨어야 했다.

하지만 광야는 단지 외롭거나 고통스럽기만 한 장소는 아니었다. 하나님은 그곳에 임재하셨고, 불기둥과 구름기둥으로 인도하셨으며, 필요한 물과 양식을 공급해 주셨다. 하나님의 임재를 가장 깊이 깨달을 수 있는 곳이 바로 그 광야였던 것이다. 이스라엘 민족은 가나안에서 받을 축복의 삶을 광야에서 미리 체험할 수 있었다.

종말의 때에 어떤 일들이 벌어질지에 대해서는 구체적으로 알 길이 없다. 성경에 나오는 예언들은 대부분 현재의 모습이나 이미 일어난 일을 반영하는 경우가 많으며, 베드로후서 1장 20절에서도 "성경의 모든 예언은 사사로이 풀 것이 아니니"라고 기록하고 있다. 일부 사람들이 과도하게 주장하는 7년 대환란이 있다고 해서 결코 무서워하거나 두려워할 필요는 없다. 그 기간은 하나님의 은혜와 사랑을 체험하는 기간이 될 것이기 때문이다. 내일 일은 내일 염려하고, 우리는 지금 처한 이 순간에 어떻게 하나님 나라와 그의 의를 구할 것인지 고민해야 할 것이다(마 6:33-34)。

그런즉 너희는 먼저
그의 나라와 그의 의를 구하라
(마 6:33)

예수님은 산상수훈에서 이 세상 일에 대해서는 아무것도 염려하지 말라고 말씀하셨다. 목숨을 위해 무엇을 먹을까 염려하거나 몸을 위해 무엇을 입을까 염려하지 말라고 하시면서, 오직 하나님 나라와 그의 의를 추구하는 삶을 살라고 권고하신 것이다. 하나님께서 들에 피는 백합화와 공중에 나는 새도 입히고 먹이시는데, 이것들보다 훨씬 소중한 우리들이야 당연히 먹이고 입히시지 않겠느냐고 말이다. 그러니 세상의 염려는 붙들어 매고 하나님 나라와 그의 의를 간구하라는 것이 예수님의 메시지이다.

그런데 하나님 나라를 위해 사는 자들은 정말 삶의 모든 문제들이 잘 해결되는가? 사도 바울을 보면 결코 그렇지 않은 것 같다. 사도 바울은 고린도후서 11장에서 자신이 복음을 전하는 가운데 당한 수많은 시련과 고통을 설명한다. 그 가운데는 이런 표현도 있다. "또 수고하며 애쓰고 여러 번 자지 못하고 주리며 목마르고 여러 번 굶고 춥고 헐벗었노라"(고후 11:27). 예수님의 말씀과 달리, 하나님 나라를 위해 일한 사도 바울은 제대로 먹지도 입지도 못했음을 고백하는 것이다. 그렇다면 예수님의 말씀은 무슨 뜻인가? 하나님 나라를 위해 일할 때, 하나님께서 먹이시고 입히신다는 말씀은 정말 맞는 것인가?

우선 세상에서 먹고사는 문제를 해결하는 비법으로 이 말씀을 주신 것이 아님을 기억해야 한다. 만일 먹고사는 문제를 해결하기 위해 하나님 나라를 추구한다면, 결국 삶의 궁극적인 관심사가 먹고사는 일이 될 것이기 때문이다. 예수님은 우리 삶의 목표가 육체적인 욕구 충족에 있어서는 안 된다고 말씀하셨다. 이러한 목표는 이방인들, 즉 하나님의 거룩한 백성이 아닌 사람들의 관심사일 뿐이다. 하나님께서 우리를 만드신 이유는 그이상의 고결한 목적이 있기 때문이다. 예수님은 우리가 그 목적을 위해 살아야 함을 강조하신 것이다.

"그런즉 너희는 먼저 그의 나라와 그의 의를 구하라 그리하면 이 모든 것을 너희에게 더하시리라"(마 6:33). 이 말씀의 강조점은 앞부분에 있다. 후반부인 "이 모든 것을 너희에게 더하시리라"는 말씀은 "그런즉 너희는 먼저 그의 나라와 그의 의를 구하라"는 말씀을 위한 보조의 말씀일 뿐이다. 즉 하나님 나라와 그의 의를 전적으로 추구하는 삶을 살 때, 먹고 마시고 입는 문제는 염려할 필요가 없음을 강조한 것이다. 이 말씀은 "하나님이 나를 굶겨 죽이시겠는가?"와 비슷한 의미이다.

하나님은 우리의 필요가 무엇인지 아시며, 그것을 우리에게 공급해 주신다(마 6:32). 그렇다면 먹고사는 문제에 매달리기보다, 우리를 지으신 하나님의 목적을 생각하며 살아야 할 것이다. 이것이 예수님이 뜻하신 말씀이지, 하나님의 일을 하면 모두 부자가 되고 편안한 삶을 살게 될 것이라는 말씀이 결코 아니다.

내가 아는 분 중에 미국에서 기나긴 유학 생활을 마치고 한국으로 들어온 목사님이 계시다. 그분은 미국에서 박사학위를 마쳤지만, 당시에 한국에 들어온다고 해서 교수가 된다는 보장은 전혀 없었다. 70년대에는 공부를 제대로 한 사람이 많지 않아서, 외국에서 조금이라도 공부한 사람이라면 학교에서 가르칠 수 있었다. 그러나 최근에는 외국에서 학위를 받은 사람이 한 해에도 몇십 명씩 쏟아져 들어오기 때문에, 교수가 될 수 있는 보장이 아무것도 없었던 것이다. 그럼에도 목사님은 아무런 기약도 없이 한국으로 들어오셨다. 그 열악한 환경에서 도대체 어떤 계산을 하고 한국에 들어오셨던 것일까?

나는 그분의 계획에 대해 구체적으로 들어 보지 못했기에, 그분의 속내를 알 수는 없다. 하지만 적어도 그분에 대한 바람은 이것이다. 한국에 들어오는 결단이 '먹고 입는 문제'를 해결하기 위한 목적에서가 아니라, 하나님 나라와 그의 의를 위한 결단에서 나온 것이기를 말이다. 그래서 비록 사도 바울처럼 고난을 당하거나 심지어 주리고 헐벗기까지 할지라도, 하나님 나라와 그의 의를 위해서 계속해서 일할 수 있기를 기대한다.

하나님께서 모든 것을 더하신다는 말씀은 만사형통하게 해주시겠다는 의미가 아니라, 나를 나보다 더 잘 아시는 하나님께서 나에게 무엇이 가장 필요한지를 아시고, 하나님께서 정하신 때에, 하나님의 오묘한 섭리 속에서, 하나님의 방법으로 공급해 주실 것이라는 의미이다. 이러한 하나님의 섭리와 주권을 의지할 수 있다면, 우리가 하나님 나라를 위해 일하는 것은 제한받을 이유가 없다. 그곳이 한국이든, 미국 필라델피아이든, 아니면 우리가 상상할 수 없는 그 어떤 곳이든 말이다。

예수님이 주신 떡은
표적을 바라보게 하는 것이었으나
사람들은 표적은 보지 못하고
떡만 바라보았다

시대마다 전도할 때 사용하는 표현이 다르다. 한국 교회 초창기에는 "예수천당 불신지옥"이라는 단순하고도 명확한 표현으로 사람들에게 다가갔다. 그리고 그 메시지는 많은 사람들을 복음으로 인도하는 데 큰 역할을 했다. 1970년대에는 "예수 믿고 복받으세요!"라는 표현을 많이 썼다. 한창 개발에 대한 붐이 일고 "잘살아 보세!"라는 구호가 한국 전역에 퍼져나갈 때, 예수 믿어 복 받으라는 메시지는 수많은 사람들에게 효과적으로 다가갈 수 있었던 것이다.

시대가 바뀌어, 오늘날 복음을 전하는 전도자들에게서 자주 듣게 되는 메시지는 "우리 교회 목사님 설교 테이프 좀 들어 보세요!"이다. 가난으로 고통받던 시절에는 잘사는 것이 소원인지라 "예수 믿고 복받으세요"라는 메시지가 많은 사람들의 마음을 파고들었다면, 충분히 먹고살 수 있는 현 시점에서는 복받는 것이 그렇게 매력적으로 다가오지 않는 것이다. 이제는 예수보다 목사나 교회를 선전하는 시대가 된 것 같다. 예전에는 긍정적이든 부정적이든 불신자들에게 예수님을 소개하려고 애썼는데, 지금은 그보다 교회 선전이 중요해진 것 같아 아쉬운 마음이 든다.

그렇다고 해서 "예수 믿고 복받으세요"라는 옛날식 메시지가 꼭 마음에 드는 것은 아니다. 예수님을 믿는 것이 복된 길임은 분명하지만, 마치 예수님을 믿으면 세상적 관점에서의 행복이 보장되는 것처럼 착각하게 만들기 때문이다. 성경이 세상에서의 형통함을 예로 들면서 하나님을 온전히 섬길 것을 요구하고 있기는 하지만, 성경에서 말하는 진정한 복은 세상적 관점에서의 형통함과는 전혀 다르다.

우리는 종종 자연재해나 부지불식간에 일어난 사고로부터 하나님께서 생명을 건져 주셨음을 고백하는 간증을 듣는다. 하지만 솔직히 말해서, 성경은 예수님을 믿는 자들이 모든 일에 대해 잘 풀릴 것이라고 말하지 않는다. 9.11사태 때, 내가 알던 한 신실한 그리스도인은 목숨을 잃었다. 그리고 삼풍백화점이 무너져 내릴 때, 불신자들뿐 아니라 그리스도인 상당수도 재난을 당했다. 예수님을 믿는 사람들은 모두 형통하고, 예수님을 믿지 않는 사람들은 모두 망하게 된다는 법이란 없다. 시편 73편에서도 기록하고 있듯이, 불신자와 악한 자도 이 세상에서 부유하게 살다가 아무런 고통 없이 편안하게 죽는 경우가 있다. 반대로 그리스도인들이 고통을 당하며 어려움을 당하는 경우도 있다. 사도 바울은 육체의 가시를 제거해 달라고 기도했지만, 하나님은 그 기도를 들어주시지 않았다. 수많은 신실한 그리스도인이 이 세상에서 고통당하며 힘들게 인생을 살았고, 앞으로도 그럴 것이다.

예수님을 믿는 것이 영적인 차원에서는 복된 일임에 틀림없지만, 마치 예수님을 믿으면 이 세상에서 성공을 거머쥘 수 있는 양 소개한다면, 그것은 복음을 왜곡하는 일이 될 것이다. 예수님은 그러한 복음의 왜곡을 피하셨다. 보리떡 다섯 개와 물고기 두 마리로 남자 어른만 5천 명이 넘는 사람을 먹이셨을 때, 군중들은 예수님을 왕으로 옹립하려고 했다. 하지만 예수님은 그들을 피하셨고 후에 이렇게 말씀하셨다. "내가 진실로 진실로 너희에게 이르노니 너희가 나를 찾는 것은 표적을 본 까닭이 아니요 떡을 먹고 배부른 까닭이로다"(요 6:26). 예수님은 분명 얼마든지 군중들을 배불리고 그들의 병을 치유하실 수 있었다. 하지만 그들이 떡 때문에 당신을 찾기를 원치는 않으셨다. 예수님은 기적의 떡을 통해서 '표적'을 보이기 원하셨던 것이다.

하지만 사람이란 표적보다 떡이 눈에 더 잘 들어오는 법이다. 그래서 하나님의 주 되심보다 하나님의 유용성에 더 관심이 많다. 이스라엘 민족은 블레셋과의 전쟁에서 하나님의 임재를 상징하는 법궤를 들고 전쟁터에 나갔다. 광야 40년 동안 그들을 이끌었던 하나님의 유용성이 그리웠던 것이다. 그들은 하나님을 더 이상 경배할 대상으로 보지 않았을 뿐 아니라, 하나님과의 교제나 하나님께서 요구하시는 삶의 자세 같은 것에는 이미 관심이 없었다. 단지 다급할 때 사용할 수 있는 하나님의 힘이 필요할 뿐이었다. 하나님은 사람들에게 이용당하고 싶지 않으셨다. 그래서 법궤를 들고 간 전쟁에서 이스라엘은 무참히 지고 말았다.

믿음은 이 세상에서의 복과 성공을 보장하지 않는다. 세상의 성공을 예수의 유용성으로 선전하려는 자가 있다면, 그는 아무리 화려함으로 자신을 치장한다 하더라도 거짓 선지자일 뿐이다. 하나님의 돌보심은 세상적 관점에서의 축복으로 나타나지 않을 수 있다. 성경에서 세상의 축복에 관해 설명하는 경우가 더러 있기는 하지만, 그것은 영적인 진리를 발견하도록 하기 위해 하나님께서 사용하시는 비유이다. 그리스도인이라 해서 반드시 부자가 되는 것도 아니고, 자녀들이 모두 잘되는 것도 아니며, 모든 질병에서 자유로워지는 것도 아니다.

분명한 진실 한 가지는 하나님께서 우리를 사랑하신다는 것이다. 때때로 우리를 외면하시는 것처럼 보일 때가 있지만, 확실하게 고백할 수 있는 것은 이 세상의 어떤 어려움과 고통도 우리를 하나님의 사랑에서 끊을 수 없다는 것이다(롬 8:38-39).

이 글을 읽고 있는 사람 중에는 고난의 길을 걷는 사람도 있을 것이다. 분명하게 기억했으면 좋겠다. 그렇게 힘든 길을 걷고 있는 것은 하나님께서 지금 당신을 외면하시기 때문도 아니고, 하나님께서 당신을 돌볼 능력이 없으시기 때문도 아니다. 오직 전지전능하신 하나님은 당신에게 무엇이 가장 좋은지를 당신보다 더 잘 아시고, 당신에게 가장 좋은 것으로 주시려는 것이다. 하나님 사랑의 확증은 그리스도의 십자가에 분명하게 나타나 있다.

우리는 하나님 앞에
조용히 서는 시간이 필요하다

테레사 수녀는 하나님은 침묵의 친구이시기 때문에 소음과 불안정 속에서는 하나님을 발견할 수 없다고 말했다고 한다. 그녀는 이렇게 말했다. "어떻게 자연이—나무들이, 꽃들이, 풀들이—침묵 속에서 자라는가 보라. 별들과 달과 해가 어떻게 침묵 속에서 움직이는가를 보라. 영혼을 느끼려면 우리는 침묵할 필요가 있다."

분주한 탓에 주님을 발견하지 못하거나 주님 앞으로 나가지 못하는 때가 많다. 마르다의 경우가 그랬다. 마르다는 예수님을 대접하기 위해 분주하게 움직였다. 어떻게 하면 주님께 가장 좋은 것을 대접할 수 있을까 고민했고, 그래서 단 하나의 실수도 허용하지 않는 장인 정신으로 자신이 지니고 있는 최상의 것을 만들어 주님께 보이기를 원했다.

그런데 마르다가 맞닥뜨리게 된 문제는 동생 마리아였다. 마르다의 마음속에 분노가 치밀어 올랐다. 예배의 현장에서 분노가 치밀어 올라 동생 아벨을 살인한 가인처럼, 마르다의 마음속에도 마리아를 향한 질투와 분노가 이글거렸다. 주님이 바로 자기 앞에 있음에도 주님을 만나지 못했고, 오직 그녀에게는 눈엣가시인 마리아만 보였던 것이다.

주님을 발견하고 주님께 나아가는 것이 신앙생활의 목적임에도 불구하고, 우리는 종종 너무 바빠서 주님을 보지 못할 때가 많다. 그리고 주님께서 들려주시는 음성을 놓칠 때가 많다. 역설적으로 우리는 헌신의 자리나 예배의 자리에서 주님을 놓친다. 신앙적 열정을 내면 낼수록 더 주님을 보지 못하는 것이다.

그래서 우리는 하나님 앞에 조용히 서는 시간이 필요하다. "듣기는 속히 하고 말하기는 더디 하며"(약 1:19)라는 말씀은 사람들과의 관계에서도 필요한 교훈이지만, 하나님 앞에서 더욱 적용해야 할 말씀이다. 우리는 하나님께서 우리에게 무슨 말씀을 하시는지 침묵하며 귀 기울여야 한다. 기도할 때도 나의 욕심을 장황하게 나열하기보다는 하나님께서 나에게 무엇을 원하시는지 조용히 기다릴 필요가 있다. 하나님의 방법이 때로 위험해 보이고 모든 것을 포기하게 만드는 것 같지만, 우리는 하나님의 방법이 언제나 더 옳고 현명함을 기억해야 한다(사 55:8-9).

주님께서 말씀하셨다. "마르다야 마르다야 네가 많은 일로 염려하고 근심하나 몇 가지만 하든지 혹은 한 가지만이라도 족하니라"(눅 10:41-42)。

4부

: :

내려오는

사다리

좋은 교회란
성도들의 삶에
변화가 일어나는 교회다

오늘날 한국 사회에는 교회에 대한 좋지 않은 소문이 너무나 많이 퍼져 있다. 영화에 등장하는 교회와 성도들의 모습은 위선적인 것뿐이고, 뉴스와 인터넷에서는 교회에 대한 부정적인 이야기들로 무성하다. 그래서 사람들은 교회라고 하면 좋지 않은 인상부터 갖거나 막연한 거부감을 느끼는 것이다.

나 또한 목회자로서 우리 교회에 대한 좋은 소문이 나기를 바란다. 만일 우리 교회에 대해 좋지 않은 소문이 많이 퍼진다면, 복음을 전하는 일에 막대한 지장을 받게 될 것이기 때문이다.

그런데 교회에 대한 평가는 그 교회를 구성하는 사람들과 밀접하게 연관되어 있다. 세상 사람들은 교회 건물이 얼마나 화려하고 멋진가보다 그 교회의 구성원들이 어떤 사람들인가를 더 중요하게 보고 있다는 말이다.

119

묘하게도 교회가 건물이 아니라 성도들의 모임이라는 사실을 교인들보다 더 잘 알고 있는 것 같다.

그렇다면 교회가 좋은 평가를 얻을 수 있는 방법은 자명하다. 좋은 교인들로 구성하면 되는 것이다. 좋은 교인들이 있다면 좋은 교회라고 평가될 것이기 때문이다. 그런데 교회가 좋은 교인들로만 구성될 수 있을까? 알곡과 가라지 비유(마 13:24-30)에서 알 수 있듯이, 사람들은 선한 동기만으로 교회를 찾아오지 않는다. 교회 안에는 거짓 성도들이나 잘못된 목적을 가지고 찾아오는 사람들도 존재한다. 심지어 잘못된 동기와 거짓 믿음을 가지고 목사가 된 경우도 우리는 자주 목격한다. 그렇다면 좋은 교회가 되는 방법은 대체 무엇인가?

오직 좋아 보이는 사람들만 교인으로 받아들이는 것은 방법이 아니다. 강남에 있는 몇몇 교회들처럼, 어느 정도 재력 있고 학력도 갖추었을 뿐 아니라 교양 있는 사람들로 교회를 만들면 좋은 교회일까? 불량배나 창기나 거지들은 교회에 발도 못 붙이게 쫓아 버리고, 오직 수준 있고 교양 있는 사람들로만 교회를 만들면 그 교회는 좋은 교회일까? 아쉽게도 오늘날 수많은 사람들이 그렇게 생각하는 것 같다. 오늘날 한국 교회를 대표하는 교회는 교양이 철철 넘치는 사람들 그리고 재력과 권력을 가진 자들로 가득 채워져 있다.

하지만 정작 예수님은 세리와 창기를 받아들이셨다. 그래서 사람들로부터 손가락질을 당하셨고 세리와 죄인의 친구라는 비난을 받으셨다(눅 7:34). 예수님은 오늘날 우리가 우려하는 바를 전혀 걱정하시지 않았던 것 같다. 예수님은 비교적 수준 있는 사람들로 구성된 교회를 세워서 당시 사람들로부터 부러움을 사는 공동체를 만들려고 하시지 않았다. 오히려 당시에 무시당하고 비난받기 쉬운 사람들을 모아 공동체를 만드셨다.

문제는 변화이다. 만일 교회를 구성하는 교인들이 아무런 변화 없이 계속해서 처음의 상태에 있거나 더욱 타락해 간다면, 그 교회는 좋지 못한 교회이다. 처음부터 교양 있고 세련된 사람들로 구성된 교회가 그 모습 그대로를 유지하고 있다면, 그 교회 역시 좋은 교회일 수 없다. 더욱이 공동체 안에 불량배나 창기나 거지나 범죄자들을 받아들이지 않고, 배타적인 공동체를 만들어 공동체의 높은 수준을 유지하려고 한다면 그 공동체는 좋은 교회라 말할 수 없다. 그러나 불량배와 나쁜 사람들을 받아들였지만, 그들이 점점 그리스도 안에서 변화되어 간다면, 그 교회는 좋은 교회일 것이다. 어쩌면 세상 사람들은 후자의 교회를 보면서 교회 안에 불량배가 있다느니, 범죄자가 있다느니 하면서 비난할지도 모른다. 반대로 전자의 교회를 보면서는 수준 있는 교회라고 말하면서 그 교회에 들어가기를 희망할 수도 있다.

하지만 하나님께서 진정 원하시는 교회는 변화가 있는 교회이다. 나는 우리 교회가 어떤 모습의 사람이라도 올 수 있는 교회가 되기를 소망한다. 그리고 그 사람들이 있다는 이유 때문에 교회가 욕을 먹는다면, 그 욕은 먹어도 좋다고 생각한다. 그런 비난은 감수해도 좋다고 생각한다. 죄를 짓고서 뻔뻔한 모습으로 다녀도 좋다는 말이 아니다. 상한 심령으로 하나님 앞에 나아가, 예수 그리스도 안에서 주어진 구원의 역사를 몸소 보여 주는 자들이 교회 안에 있기를 소망한다.

우리는 원인과 결과를
단순화해서 일반화시키는 오류를
너무 많이 범한다

내가 오리고기를 처음 먹은 것은 아마도 1990년이었을 것이다. 군목으로 임관하여 백마부대의 한 연대에 배치받아 사역을 시작했는데, 사단 참모 목사님이 예하부대 목사님들을 데리고 간 곳이 바로 오리고기집이었다. 사단 목사님의 차를 타고 찾아간 식당은 산속에서 간판도 없이 장사하고 있었다. 그런데도 그 식당은 가기 전에 예약을 해야 할 만큼 사람들로 북적였다. 그때 사단 참모 목사님이 하신 말씀에 우리는 모두 고개를 끄덕였다. "역시 식당은 무엇보다 맛이 중요해. 맛만 있으면 어디에 숨어 있어도 사람들이 찾아오게 마련이거든." 식당의 본질인 맛만 있으면 다른 것들은 조금 부족해도 아무런 상관이 없다는 참모 목사님의 말씀에 이의를 다는 사람은 아무도 없었다.

그런데 내가 아는 한 유명한 냉면집의 경우는 그렇지 않았다. 그 냉면

122

집도 맛이 아주 뛰어나서 줄을 서서 기다려야만 먹을 수 있는 곳이었다. 식당이 잘되자, 주인은 냉면집을 다른 사람에게 넘기고 그곳에서 얼마간 떨어진 곳에 새로이 냉면집을 열었다. 당연히 냉면 맛은 아주 좋았을 것이다. 많은 사람에게 이미 검증된 맛이었을 테니까 말이다. 하지만 새롭게 연 냉면집은 예전과 같은 성공을 거두지 못하고 고전하다 문을 닫고 말았다. 맛 이외에 다른 것은 식당 운영에 별로 중요하지 않다고 생각했지만, 사실은 그게 아니었다. 식당이 어디에 위치하고 있느냐도 중요하고, 식당 주변에 어떤 부류의 사람들이 살고 있는가도 중요하다. 음식의 가격이 얼마인가도 중요하고, 일하는 종업원들의 태도도 중요하며, 청결 상태나 눈에 보이지 않는 세심한 배려도 중요하다. 특히 요즘에는 홍보 활동도 매우 중요하다. 음식의 맛만으로 승부할 수 있다는 생각은 너무나 순진한 생각인 것이다.

사실 지금 생각해 보면 그 오리고기집이 타의 추종을 불허할 만큼 맛있던 것은 아니었다. 다만 산속에서 간판도 없이 장사하는 모습에 일종의 정감을 느꼈고, 손님이 많다는 사실 때문에 우리의 입맛이 괜스레 자극된 것이다. 자연의 정취를 즐기며, 싱싱한 재료로 요리되는 오리고기를 먹는 상황이 우리의 입맛을 더욱 당기게 만들었는지도 모른다. 하긴 시내보다 산기슭에서 오리고기를 먹는 게 훨씬 더 맛있게 느껴지지 않던가?

우리는 원인과 결과를 너무 단순화해서 일반화시켜 버리는 오류를 많이 범한다. 가령 우리는 십일조를 철저하게 낸 록펠러가 미국 최대의 갑부가 되었다는 예화를 종종 듣는다. 그런데 정말 록펠러의 성공의 원인을 십일조에서만 찾을 수 있을까? 십일조를 철저하게 내지만 여전히 가난하게 사는 많은 사람들의 이야기는 아무도 말하지 않을 뿐이다. 교육방송을 즐겨 들었을 뿐이라는 서울대학교 수석 입학생의 이야기는 교육방송의 주가를 톡톡이 올려 주고 있다. 하지만 똑같이 교육방송을 열심히 듣고도 대학 입시에 실패한 많은 사람들의 이야기는 뉴스화되지 않는다.

내가 대구에서 목회를 시작할 때 수많은 사람들이 애정 어린 조언을 해주었다. 나의 오랜 친구들과 가족뿐 아니라, 교회의 성도들도 이런저런 소망을 가지고 내게 조언을 해주었다. 기도가 목회 성공의 열쇠라고 말하는 사람, 새벽기도에 특히 목숨을 걸어야 한다고 말하는 사람, 예배가 본질이니 예배에 충실하라고 말하는 사람, 제자훈련을 해야 교회가 성장한다는 사람, 설교가 목회 성공의 지름길이라고 말하는 사람 등등…. 이러한 조언들은 나를 사랑하고 교회를 위하는 마음에서 나오는 말이기에, 그런 말들을 들을 때마다 고맙기 그지없다. 하지만 그러한 이야기들이 내 마음을 끌지는 못한다. 그들이 말하는 비결이라는 게 너무나 성급한 일반화의 오류를 품고 있기 때문이다. 목회는 그렇게 단순하지 않다. 어쩌면 멋진 예배당과 주차시설을 완비하는 교회가 성장한다는 사실을 알고, 교회 건축에 목숨을 거는 목사님들이 훨씬 더 현실을 제대로 파악한 것인지도 모른다.

그들의 조언이 내 마음을 끌지 못하는 또 다른 이유는, 나의 목회가 단순히 교회의 규모를 성장시키는 데 그 목적이 있지 않기 때문이다. 내가 목회하는 목적은 단순히 사람들을 끌어모아 초대형 교회를 만들어, 보란 듯이 한국 교회에 명함을 내미는 것이 아니다. 어떻게 하면 교회가 성장할 수 있는지 설득해 보았자 나의 구미가 크게 당기지 않는 것이다.

나는 한 영혼을 돌보고 싶다. 상한 심령을 가진 자를 예수 그리스도 안에서 회복시키는 것이 내가 목회하는 이유이다. 우리를 위해 자신의 모든 것을 내어 주신 예수 그리스도의 복음이 있는데도, 세상의 허황된 것을 쫓다가 파산해 버린 사람들이 얼마나 많은가. 예수 그리스도 안에서만 생명이 있고 회복이 있기에, 복음을 들고 그 영혼들에게로 달려가고 싶은 것이다.

오해하지 마시라. 그러니까 나는 십일조를 드리는 것이 필요 없다고 말하는 것이 아니다. 우리가 가진 모든 것이 주님의 소유라는 고백으로 십일조를 드려야 옳다. 교육방송을 들으면서 열심히 공부하는 것이 잘못되었다고 말하는 것이 아니다. 학생은 당연히 자신에게 주어진 시간에 최선을 다해 공부해야 한다. 기도가 필요 없다거나, 예배가 중요하지 않다거나, 성도들을 말씀으로 훈련시키는 일이 중요하지 않다고 주장하는 것도 아니다. 당연히 중요하다. 다만 그게 마치 성공의 비결인 양 강조하는 것에 동의할 수 없다는 것이다.

놀라운 것은
예수님께서 친히 주재하신
거룩한 성만찬 자리에
가룟 유다가 있었다는 사실이다

성만찬은 예수님이 십자가에 달리시기 전날에 제정하신 예식이다. 우리를 위해 자신의 몸을 내어 주신 예수님을 기억하고 기념하는 성례전이 성찬식이다. 예전에는 예배를 드릴 때마다 성찬식을 거행하기도 했다는데, 오늘날에는 여러 가지 이유로 그렇게 하지 못한다. 우리 교회에서도 1년에 두 차례 성찬식을 거행하는 정도이다. 하지만 성찬식을 자주 거행하지 않는 것이 건강하지 않은 교회의 모습이라고 생각하지는 않는다. 칼뱅이 참된 교회임을 알 수 있는 표식 가운데 하나로 "바른 성례의 시행"을 말한 것은, 성찬식을 예배 때마다 해야 한다는 의미가 아니다. 미신적이고 잘못된 관점에서 성찬식을 시행하는 것이 옳지 않으며, 바른 성경적 관점에서 성찬식이 거행되어야 함을 말한 것이다.

예수님이 직접 집례하신 첫 번째 성만찬은 그 이전에 전혀 없던 것을 시행한 것이 아니라, 유대인들이 항상 지켜 오던 유월절 식사에 새로운 의미를 부여하신 것이었다. 유대인들은 과거 이스라엘 민족이 이집트에서 구원받은 것을 기념하면서 해마다 3, 4월경에 유월절을 지켰는데, 그때 어린양을 잡아 함께 먹고 발효되지 않은 반죽으로 빵을 만들어 먹었다. 예수님이 제정하신 성만찬은 바로 그 유월절 식사였다. 다만 예수님은 당신이 "하나님의 어린양"(요 1:29)으로서 죽임당하심으로 인류를 구원하신다는 의미를 부여하셨다. 그 옛날, 어린양이 죽임을 당하고 이스라엘 민족이 그 피를 문설주에 발라서 장자의 재앙을 피할 수 있었던 것처럼 말이다.

그런데 이 놀라운 사랑이 제시되는 성만찬 자리에 가룟 유다가 함께 있었다는 사실은 매우 놀랍다. 가장 성스러운 자리에 가장 더러운 흑심을 품은 자가 그 성만찬을 함께 먹은 것이다. 이것은 세상의 마지막 심판이 있기 전까지 우리가 자주 접하게 될 현실이다. 오늘날의 가룟 유다는 목사의 모습을 하고 있을 수도 있고, 어쩌면 기독교 대표주자의 모습을 하고 있을 수도 있다. 예수님 당시의 제사장들을 비롯한 종교 지도자들이 하나님의 뜻과는 전혀 무관했던 것처럼 말이다. 하지만 교회 안에 가룟 유다와 같은 사람이 있다는 사실 때문에 신앙을 버리는 것은 어리석은 일이다. 성경은 천국이 온전히 도래하기 전까지 알곡과 가라지가 섞여 있을 것이라고 기록하고 있기 때문이다(마 13:24-30).

성만찬 자리에 누가 있었든, 예수님은 "이것은 죄 사함을 얻게 하려고 많은 사람을 위하여 흘리는 바 나의 피 곧 언약의 피니라"(마 26:28)라고 말씀하셨다. 자신의 목숨을 내어놓기까지 우리를 사랑하시겠다는 주님의 약속인 것이다.

나는 결혼식에만 가면 그렇게 감동이 될 수가 없다. 그래서 남모르게 눈물을 훔쳐 닦는다. 가장 감동적인 부분은 두 사람이 서로를 바라보고 서약하는 장면이다. 신랑과 신부는 이렇게 서약한다. "나는 당신을 나의 아내(남편)로 맞이하여, 오늘부터 앞으로도 당신을 취하고 보호할 것입니다. 좋을 때나 어려울 때나, 부유할 때나 가난할 때나, 아플 때나 건강할 때나 아낌없이 당신을 사랑할 것입니다. 죽음이 우리 둘을 갈라놓을 때까지 나의 신실함을 약속합니다."

그런데 성경은 예수님이 우리의 신랑이라고 가르친다. 예수님이 우리를 향해서 목숨을 내어놓기까지 사랑하시겠다는 사랑의 약속이 바로 성만찬인 것이다. 예수님은 십자가를 피하려면 피하실 수도 있었다(요 10:18; 마 26:52-54). 하지만 예수님은 십자가를 피하시지 않고, 그 십자가 위에서 우리를 위해 목숨을 내어놓으셨다. 그리고 그 사랑의 관계 속으로 우리를 초대하셨다。

자주 고장 난다고 낙인 찍힌 차는
아무리 싸게 팔려고 해도
팔 수 없다

최근 실시한 한국 교회의 사회적 신뢰도 여론조사에서 기독교는 5점 만
점에 2.55점을 받았다. 이를 성적으로 환산하면 C-라고 하니, 기독교에 대
한 사회적 신뢰도가 얼마나 형편없는지를 충분히 보여 주고도 남음이 있
는 것이다.

이러한 상황에서 복음을 전하는 것은 아무런 효과를 발휘할 수 없을
것 같다. 자주 고장 난다고 낙인 찍힌 모델의 차를 아무리 싸게 내놓아도
팔 수 없는 것과 마찬가지이다. 반면에 가격도 비싸고 이자율도 높은데,
서로 사려고 안달하는 자동차도 있다. 세일즈맨은 전자보다는 후자의 차
량을 판매하는 것이 훨씬 쉬울 것이다.

더 큰 문제는 이러한 한국 교회의 사회적 신뢰도가 개선될 것 같지 않
다는 데 있다. 사실 교회는 그 어떤 종교보다 뛰어난 회계감사 제도를 가

지고 있다. 기독교보다 신뢰도가 높게 나온 다른 종교의 경우, 일반 신도들이 그 종교에 기부된 돈이 어떻게 사용되는지 확인할 수 있는 제도가 거의 없다. 기부금은 상급 기관으로 보내져 일반 신도들과는 무관하게 운영되기도 한다. 이런 상황임에도 불구하고, 기독교의 사회적 신뢰도가 낮게 나오는 이유는 무엇일까?

훌륭한 회계 제도가 있음에도 기독교는 오히려 더 타락한 것처럼 보인다. 그렇다고 해서 잘되어 있는 회계 제도를 폐기하는 것이 정답은 아닌 것 같다. 내부의 비리들이 밖으로 새어 나가지 않도록 기독교 언론들을 길들여서 교회의 치부를 덮어 버리는 방법도 정답은 아닌 것 같다. 그렇다면 어떤 교수가 지적했듯이 대사회적 봉사활동을 더 많이 하는 것이 정답일까? 그것도 아닌 것 같다. 실제로 기독교의 대사회적 봉사 수치는 그 어떤 종교보다도 뛰어나다. 물론 사회 봉사활동을 많이 하는 것을 막을 이유야 없지만, 기독교가 봉사활동에 가장 적극적으로 참여하고 있으면서도 가장 신뢰도가 낮다는 점을 보아야 한다.

나는 기독교의 신뢰도를 높이기 위해 교회 내의 비리를 더욱더 철저히 척결해야 한다고 본다. 그 과정에서 목사들과 교인들의 치부가 드러나고, 그리하여 사회적 신뢰도가 일시적으로 더 떨어지는 결과를 가져온다 하더라도 말이다.

목사의 잘못(간음이나 재정 비리의 문제)이 제기되었을 때, 교회는 그동안 이를 철저하게 처리하지 않고 넘어갔다. 그러한 문제가 일어나도 오히려 문제를 제기한 사람들을 처벌하거나 피의자들을 두둔함으로써 기독교가 비리의 온상이라는 인상을 심어 주고 있는 것이다. 더 나아가 그러한 잘못을 범하는 것에 대해 심각한 문제의식을 갖지 못하게 만들고 있다. 교회는 목사가 간음 문제 등 비리를 저지르면, 그 이후로는 평생 목회자로 활동하지 못하게 해야 한다. 1, 2년 혹은 3년을 정직시켰다가 다시 활동하게 해서도 안 된다. 한 번 잘못하면 목사로서 생명이 끝난다는 것을 보여주어야 한다. 하나님으로부터 용서받는 것과, 목회를 계속하는 것은 별개의 문제이기 때문이다.

우리는 무자격 목사의 배출을 막아야 한다. 그러기 위해서는 우선 제대로 갖추지 못한 신학교를 모두 재정비할 필요가 있다. 최근에 수많은 신학교가 한국과 미국에서 우후죽순으로 생겨났고, 그곳에서 엉터리로 신학을 배운 사람들이 너무나 쉽게 목회 활동을 하고 있다. 그렇게 세워진 목사를 둔 교회들은 제발 문을 닫아야 한다. 더구나 범법자들과 사회적으로 지탄의 대상이 되고 있는 사람들이 너무 쉽게 목사가 되고 있다. 이런 시스템을 빨리 없애야 한다. 아무렇게나 신학 박사학위를 주는 시스템도 없애야 한다.

또한 목회자들은 정치에 대한 무분별한 참여를 중단해야 한다. 정치는 결국 사람들을 내 편과 네 편으로 나누게 만든다. 복음은 모든 사람을 포괄하는 것인데, 정치에 참여하는 순간 내 편이 아닌 사람들은 모두 배제시키는 것이다. 만약 정치에 참여한다면 올바른 기독교적 가치관을 바탕으로 방향성을 제시하는 것이 되어야 한다. 경제를 살릴 사람을 대통령으로 선택해야 한다는 말이 목사의 입에서 나와서는 안 된다. 목사의 입에서는 사람을 살리고, 평등을 실천하고, 약하고 부족한 사람들을 위해 정치하는 사람을 선택해야 한다는 말이 나와야 한다. 그런 분별력이 없다면 정치에서는 손을 떼야 한다.

우리는 복음으로 돌아가야 한다. 교회에 헌금을 많이 내면 복을 받는다는 허황된 미신을 심어 주거나, 목사에게 잘해야 복받는다는 엉터리 주장을 해서는 안 된다. 목회자는 복음이 담고 있는 가르침 그대로를 전해야 한다. 예수 그리스도께서 우리를 위해 죽으셨고, 우리의 공로가 아닌 하나님의 은혜로 구원받았으며, 우리는 이 세상에서 주님의 사랑과 은혜를 체험한 자로 살아가야 함을 가르쳐야 하는 것이다.

주님의 사다리는
내려오는 사다리였다

사람은 선천적으로 동물에 비해 신체 조건이 약하다. 치타처럼 빨리 달리지도 못하고, 새들처럼 높이 날지도 못하며, 물고기처럼 자유롭게 물속을 헤엄칠 수도 없다. 하지만 인간은 여러 가지 도구를 개발하고 활용함으로써 그러한 신체적 단점들을 극복한다. 사다리는 키가 작은 인간들이 높은 곳에 닿기 위해 고안한 도구이다. 사다리를 최초로 만든 사람이 누구인지는 모르지만, 사람들은 사다리를 이용하여 보통 사람의 키로는 닿을 수 없는 곳까지 쉽게 접근한다.

그런데 사다리는 사회적 신분을 높이는 데에도 필요한 모양이다. 요즘에는 해외로 유학하는 사람이 많은데, 이러한 유학의 목적은 학문을 위한 것이라기보다 일종의 스펙 쌓기(이력서에 넣을 경력을 만들어 가는 것) 차원인 경우가 많다. 지금은 대학 졸업장만으로 직장을 얻기 쉽지 않은 시대이다. 해외의 경험 등 남들과는 다른 여러 가지 경력을 보여 주어야 하는 것이다.

예전에는 해외 연수를 다녀왔다는 사실만으로도 큰 장점이 될 때가 있었다. 그런데 지금은 대부분의 사람들이 해외 연수를 필수 과정으로 여기고 있으니, 이제 그 사다리의 효용성이 떨어지고 더 큰 사다리를 찾고 있는 것 같다. 그런 평범한 사다리와는 차원이 다른 고가(高架) 사다리가 필요한 시대가 된 것이다.

더불어 요즘은 사회적 신분상승을 위한 사다리로 소셜 네트워크를 중요하게 여긴다. 과거에는 탁월한 능력이 중요하여 스펙 쌓기에 주력했다면, 지금은 탁월한 능력과 더불어 인맥을 중요하게 여긴다. 요즘 유행하고 있는 페이스북은 이러한 욕구를 어느 정도 채워 주고 있는 것 같다. 페이스북을 하고 있노라면, 실제로는 그렇게 친숙하지 않은 사람들로부터 친구 신청이 들어오고, 조그마한 연결 고리라도 있으면 쉽게 친구를 맺는다. 어떤 사람은 페이스북 친구가 몇 명인가로 자신의 존재감을 확인하려는 경향까지 있다. 일부 유명인은 친구가 5,000명을 넘어서서 더 이상 친구 요청을 받을 수 없다고 은근히 자랑하며 불평하기도 한다.

문제는 관계가 신분상승을 위한 도구로 전락할 때, 그 관계가 빈약해질 수밖에 없다는 것이다. 사람이 신분상승을 위한 사다리로서의 가치가 없어질 양 싶으면, 더 길고 튼튼한 사다리를 찾기 위해 버려지고 말 것이다. 생각만 해도 서글퍼진다.

때로는 사람들이 하나님 또한 사다리처럼 이용하고 있는 것은 아닐까 생각될 때가 있다. 우리는 높은 곳에 있는 무언가를 얻기 위해 사다리를 가져오지만, 목적을 다 이루고 나면 다시 창고에 사다리를 집어넣는다. 우리가 하나님을 찾을 때도 긴박한 순간인 경우가 많다. 아무런 문제가 없으면 기도하지 않는데, 문제가 생기면 급하게 사다리를 찾는 것처럼 기도하며 매달리는 것이다. 군목으로 일할 때 진급 심사 기간만 되면 장교들과 그 가족들은 새벽기도에 열성을 보였다. 그들은 진급을 위해서 새벽마다 울부짖었지만, 진급 발표가 난 뒤에는 그 열기가 사르르 사라졌다. 기도의 사다리가 더 이상 필요 없어진 셈이다.

대부분의 사람들이 높이 올라가기 위해 사다리를 찾는 것과는 달리, 위에서부터 아래로 내려오는 사다리가 있었다. 야곱은 형 에서의 낯을 피해 외삼촌의 집으로 도망하는 길에 꿈에서 사다리를 보았다. 그 사다리의 꼭대기는 하늘에 닿아 있었는데, 하나님의 사자가 그 사다리를 오르락내리락했다(창 28:12). 이 꿈의 의미가 무엇인지 정확하게 알 수는 없지만, 적어도 이 사다리가 다른 사람을 이용하여 신분상승을 꾀하는 사다리는 아니었음이 분명하다. 아마도 처량한 모습의 야곱을 향해 찾아오신 하나님의 은혜의 사다리가 아니었을까? 도망자 신세가 되어 버린 야곱, 그는 불확실한 앞날 때문에 두려워하고 있었다. 그런데 하나님은 그런 야곱에게 찾아오셔서 은혜를 베푸시고 관계를 맺으신 것이다. 이것이 하나님의 사다리가 사람의 사다리와는 다른 점이었다.

그 옛날 야곱에게 은혜를 베푸신 하나님은 결국 이 세상으로 오셨다. 주님의 사다리는 내려오는 사다리였다. 주님께서 사람의 몸으로 이 세상에 오신 것은, 사람이 죄를 지음으로 말미암아 깨어진 관계를 회복하시기 위한 것이었다. 주님으로서는 우리를 이용하여 신분상승을 꾀할 일이 없으신데도 말이다. 예수님은 우리가 하나님께로 나아갈 수 있게 기꺼이 사다리가 되어 주셨다. 십자가 위에서 죽으심으로 말이다.

하나님은 이익에 눈먼
악덕 기업주가 아니다

요즘 한국 사회에는 '뒤쳐지면 죽는다'는 생각과 '2등은 기억되지 않는다'는 생각이 만연한 것 같다. 당장 교회 안만 보더라도 요즘의 세태를 읽을 수 있다. 강단에서조차 탁월함이 강조되고 있고, 구역들은 서로 경쟁하면서 약간이라도 뒤쳐질까 봐 노심초사한다. 심지어 다른 교회와 비교해서 규모가 작아 보이면 좌절감에 빠지기도 한다.

하지만 하나님은 뛰어난 자를 필요로 하시는 분이 아니다. 만일 하나님의 최대 관심사가 '최대의 효과'였다면, 하나님은 굳이 우리에게 사명을 맡기실 필요가 없었다. 하나님은 말씀으로 온 우주를 창조하신 분이다. 무(無)에서 유(有)를 창조하신 하나님께서 여전히 살아 계시다면, 지금도 말씀 한 마디로 모든 것을 하실 수 있을 것이다.

요나 선지자는 니느웨에 가서 말씀을 전하라는 하나님의 명령에 불순종했다. 요나가 다시스로 도망가자, 하나님은 요나가 탄 배에 풍랑을 일으키고 커다란 물고기를 준비하셔서 결국 니느웨로 가게 하셨다. 그것이 하나님께서 하실 수 있는 유일한 방법은 아니었다. 니느웨에 말씀을 전하기 위해 할 수 있는 다른 방법들이 충분히 많았다. 예를 들면, 말을 잘 듣는 이사야 선지자를 대신 보낼 수도 있었고, 천사들을 보내어 그 일을 대신하게 하실 수도 있었다. 하지만 하나님은 굳이 요나 선지자를 니느웨로 보내신 것이다. 그 이유는 하나님의 목적이 니느웨 백성을 회개시키는 것에도 있었지만, 요나 선지자를 돌이켜 하나님의 마음을 품게 만드는 데에도 있었기 때문이다.

이스라엘 땅에 기근이 들었을 때, 하나님은 엘리야 선지자를 사르밧 과부에게 보내셔서 그 기근을 피하게 하셨다. 빌 게이츠에게 보내신 것이 아니라, 마지막 남은 기름과 밀가루로 떡을 만들어 먹고 죽겠다는 가난한 여인에게 보내신 것이다. 하나님의 목적은 엘리야 선지자를 살리는 것에도 있었지만, 가난한 사르밧 과부의 가정을 살리는 데에도 있었기 때문이다. 하나님은 탁월한 결과를 이끌어 내는 사람을 찾으시는 것이 아니다. 사명을 가지고 일하는 자의 '영적 성숙'은 하나님의 또 다른 중요한 목적이다.

우리 집 큰아이는 고등학교 시절에 참으로 힘든 시기를 거쳤다. 바이올린을 전공하면서 일반 학교 공부까지 병행했기 때문이다. 숙제를 하느라 새벽 1, 2시를 넘기는 일은 예사였다. 그러던 어느 날, 큰아이는 새벽 3시 가까이 된 시각에 울상이 되어 나를 찾아왔다. 아직 에세이 숙제가 남았는데, 수학 문제도 다 풀지 못했다는 것이다. 그러면서 내가 수학 문제를 풀어 주면 그 사이에 에세이를 쓸 테니 도와 달라고 했다. 하지만 나는 아이의 부탁을 거절할 수밖에 없었다. 곰곰이 생각해 보니, 숙제의 목적은 단지 좋은 점수를 받는 것에 있지 않았다. 숙제의 목적은 실력 향상과 시간 활용을 잘하여 제 시간 내에 과제를 마치는 훈련에 있었다. 힘없이 뒤돌아서는 아이의 모습을 보면서 내 마음도 아팠다.

하나님은 이익에 눈먼 악덕 기업주 같은 분이 아니다. 하나님은 우리의 복지를 생각하시는 사랑 많은 아버지와 같은 분이다. 예를 들어 어떤 아버지에게 고등학생과 한 살배기인 두 아들이 있다고 하자. 만약 큰아들이 마라톤 경주에 나가서 42.195킬로미터를 완주하고 헐떡거리며 들어왔다면, 아버지는 그 아들을 자랑스럽게 생각하며 등을 두드려 줄 것이다. 그런데 만일 한 살배기인 아들이 뒤뚱거리며 두세 발자국을 걷다가 넘어지면, 아버지는 뭐라고 말하겠는가? 네 형은 마라톤을 뛰는데 왜 너는 그것밖에 못하느냐며 책망하겠는가? 아니면 달려가서 "그렇지, 잘한다. 정말 잘한다" 하며 박수를 치고 좋아하겠는가?

마태복음 25장에 나오는 달란트 비유 때문에 하나님의 관심사가 최대의 효과를 내는 것은 아닐까 오해할지도 모르겠다(이것이 비유가 갖는 약점일 수 있다). 하지만 달란트 비유는 하나님의 최대 관심사가 탁월함이 아니라 신실함임을 의도적으로 표현하고 있다. 그 가운데 하나는 주인이 다섯 달란트 남긴 종과 두 달란트 남긴 종에게 정확하게 똑같은 칭찬을 했다는 사실이다. "잘하였도다 착하고 충성된 종아 네가 적은 일에 충성하였으매 내가 많은 것을 네게 맡기리니 네 주인의 즐거움에 참여할지어다"(마 25:21, 23). 1등만 기억하고 1등만 칭찬하는 한국적 분위기와 얼마나 다른가? 하나님은 1등을 원하시는 게 아니라, 자신에게 주어진 사명을 신실하게 감당하는 자를 칭찬하신다. 주인의 칭찬의 핵심은 많은 것을 남기는 것에 있지 않고, "착하고 충성된 종"이 "적은 일"이지만 "신실하게 충성하였다"는 사실에 있음을 기억하자.

탁월함을 강조하는 메시지가 난무한 이 시대에 신실함의 회복이 있으면 좋겠다. 그리고 우리도 탁월함으로 사람을 판단하지 말고, 신실함으로 사람을 판단할 수 있으면 좋겠다。

너희의 단장은 머리를 꾸미고 금을 차고
아름다운 옷을 입는 외모로 하지 말고
(벧전 3:3)

우리말로 '연감' 혹은 '연보'라고 번역할 수 있는 '이어북'yearbook은 미국의 학생들이 학교생활을 정리하면서 만든 기념 사진첩을 의미하기도 한다. 학생들이 만든 이어북을 보고 있노라면, 아이들이 어떤 추억을 쌓아 왔는지를 엿볼 수 있다. 그런데 이어북에는 한 가지 흥미로운 내용이 있다. 편집진이 다양한 질문을 던져서, 학생들 사이에서 설문조사한 결과를 실은 것이다. 질문들은 대략 이렇다. "누가 가장 최고의 부자가 될 것 같은가?", "대통령이 될 것 같은 사람은 누구인가?", "어느 커플이 결혼까지 이어질 것 같은가?", "어느 커플이 곧 깨질 것 같은가?"

예전에 함께 사역하던 데이비드 목사님이라는 분은, 학창시절에 "가장 옷을 잘 입는 사람"으로 뽑혔다고 한다. 목사님은 고등학교를 졸업한 후에 대학에서 미술을 전공할 정도로 미적 감각이 뛰어나신 분이니, 고등학교 시절에 주변 학생들이 그렇게 뽑았다는 것도 충분히 이해가 간다.

몇 년 동안 학교에서 같이 생활한 학생들의 의견과 10년 혹은 20년 후의 실제 모습이 얼마나 일치할지는 잘 모르겠다. 잘될 나무는 떡잎부터 알아본다고, 고등학교 시절에 보여 준 삶의 모습이 나중의 삶과 거의 일치할 수도 있겠다. 하지만 고등학교를 졸업한 후에, 그가 인생을 어떻게 살았고 어떤 기회를 어떻게 처리했는가에 따라 그의 삶은 상당히 달라질 것이다.

사울 왕은 "10년 혹은 20년 뒤에 가장 성공할 것 같은 사람"으로 뽑힐 법한 사람이었다. 사울은 키가 크고 훤칠했으며 처음에는 겸손하기까지 했다. 하지만 그의 성공은 오래가지 못했다. 사무엘서에서 그리는 사울은 실패한 왕이었다. 그는 하나님을 신뢰하지 않았고, 하나님이 원하시지 않는 엉뚱한 선택을 했다. 이스라엘의 왕이었지만 왕으로서의 역할을 감당하지 못했고, 자신의 자리를 지키는 일에만 연연했다. 정치적 위협으로 생각되는 다윗을 없애는 데 자신의 역량을 모조리 쏟아부었다. 블레셋 민족의 침공을 받았을 때는 제대로 대응하지 못하면서, 다윗을 죽이기 위해서는 군사행동까지 개시하는 한참 부족한 왕이었다. 결국 사울 왕의 마지막은 비참할 수밖에 없었다.

반면 다윗은 "10년 혹은 20년 뒤에 가장 실패할 것 같은 사람"으로 뽑힐 만한 사람이었다. 다윗은 가족들 사이에서도 인정받지 못했다. 사무엘이 새로운 왕에게 기름을 붓기 위해 이새의 집을 찾았을 때, 어린 다윗은 후보에 끼지도 못하여 아무도 밭에서 데려오지 않았다. 그가 이스라엘을 다스릴 재목이라고는 아무도 생각하지 않았다. 심지어 부모조차 다윗을 한편으로 제쳐 놓았다. 아마도 다윗은 체구가 왜소하여 사람들에게 강력한 인상을 주지 못했던 것 같다.

사무엘은 이스라엘의 두 번째 왕이 될 사람에게 기름을 붓기 위해 이새의 집을 찾았을 때, 이새의 큰아들인 엘리압을 보고 마음에 흡족해하였다. 아마 엘리압도 사울처럼 용모와 신장이 빼어나고, 많은 사람들을 압도할 만한 카리스마가 있었던 모양이다. 그래서 사무엘은 그에게 기름을 부으려고 했다. 하지만 하나님은 사무엘에게 말씀하셨다. "그의 용모와 키를 보지 말라 내가 이미 그를 버렸노라 내가 보는 것은 사람과 같지 아니하니 사람은 외모를 보거니와 나 여호와는 중심을 보느니라"(삼상 16:7). 하나님은 사람의 관점에서는 신통치 않은 다윗을 선택하셨다. 그리고 다윗을 통해 일을 이루어 나가시며 종내는 다윗의 후손에서 메시아가 나게 하셨다.

오늘날 우리 사회는 스펙에 눈먼 사회가 되었다. 학력과 경력을 최고로 여기며, 그것으로 한 사람을 평가하는 사회가 되었다. 그래서 너도나도 화려한 경력을 쌓기 위해 모든 것을 걸게 된 것이다. 문제는 교회마저도 그러한 사회적 관점을 따라가고 있는 데 있다. 하나님은 결코 외모를 보시지 않는데도 용모와 신장을 멋지게 꾸미는 일이 사람들의 최고 관심사가 되었다.

물론 화려하고 멋진 스펙을 가진 사람이 하나님의 관점에서 무조건 불합격이라는 의미는 아니다. 사울이 하나님의 관점에서 불합격한 이유는 그가 뛰어난 외모와 스펙을 가졌기 때문이 아니다. 하나님께서 엘리압을 제쳐 두신 이유도 그가 뛰어난 용모와 신장을 가졌기 때문이 아니다. 그들이 불합격한 이유는 훌륭한 외모와 신장에 걸맞은 내면의 진실함과 하나님 앞에서의 경건함을 찾아볼 수 없었기 때문이다.

예수님 당시에는 위대한 스승 가말리엘에게서 사사한 뛰어난 랍비들이 예루살렘 중심으로 활동하고 있었다고 한다. 제사장들이나 서기관들은 화려한 옷을 입고 권위 있는 자태로 백성들을 훈계했을 것이다. 반면에 세례 요한은 약대 털옷을 입고, 허리에 가죽띠를 띠고, 메뚜기와 들꿀을 먹으면서 살았다(마 3:4). 이 모습은 흡사 오늘날 노숙자의 모습과 같다. 그의 모습만 보면 존경할 만한 것이 아무것도 없을는지 모른다. 하지만 예수님은 세례 요한을 이렇게 평가하셨다. "너희가 무엇을 보려고 광야에 나갔더냐 바람에 흔들리는 갈대냐 그러면 너희가 무엇을 보려고 나갔더냐 부드러운 옷 입은 사람이냐 보라 화려한 옷을 입고 사치하게 지내는 자는 왕궁에 있느니라 그러면 너희가 무엇을 보려고 나갔더냐 선지자냐 옳다 내가 너희에게 이르노니 선지자보다도 훌륭한 자니라"(눅 7:24-26)。

범죄와 악을 숨기려는 자들은
초대 교회 시절부터 지금까지
항상 존재해 왔다

〈도가니〉는 공지영 작가의 동일 제목 소설을 원작으로 한 영화이다. 이 영화는 한때 수많은 사람들을 분노의 도가니로 몰아넣었는데, 그 이유는 첫 번째로 이 영화가 실제 사건을 바탕으로 만들었다는 사실 때문이고, 두 번째는 이 사건이 한국 사회의 실상을 여실히 보여 주었기 때문이다.

광주 인화학교—영화에서는 무진시에 있는 자애학원으로 표현되었다—는 기독교 정신에 따라, 사회적 약자인 장애 학생들에게 삶을 가르치기 위해 설립되었다. 그런데 선한 취지로 설립된 바로 그곳에서 악이 도사리고 있었다. 학교에 새로 부임한 미술 선생인 전응섭 선생—영화에서는 강인호—은 열두 살 어린아이가 학교 행정실에서 성추행 정도가 아닌 성폭행을 당했다는 사실을 알게 되면서 이를 바로잡기 위해 여러 가지 노력을 한다. 하지만 학교 측은 물론이고 사회 전체가 죄를 지은 사람을 응징하기보다는 오히려 정의를 바로잡으려는 사람들을 비난한다.

실제로 당시 가해자들 중 실형으로 복무한 사람은 두 명에 불과했고, 심지어 교장은 2심에서 집행유예로 풀려나 버젓이 학교로 돌아갔다. 그 사립학교는 가족들의 기업이었던 것이다. 학교가 5년 동안 국가로부터 받은 지원금은 연평균 38억 원에 달했고, 장애 학생 1인당 2천만 원의 교육 비용과 1천만 원의 생활 비용까지 받아 갔는데, 이 기간에 재단 전입금은 0원이었다고 한다. 가해자들이 미미한 처벌만 받고 아무 일 없던 것처럼 다시 학교로 돌아갈 수 있었던 것은, 힘을 가진 사람들 사이에 서로 돕는 침묵의 카르텔이 존재했기 때문이 아닐까?

이 침묵의 카르텔 속에 그리스도인들도 한몫하고 있다는 것이 슬프다. 영화에서는 기독교인들이 정의를 절규하는 아이들을 향해 사탄의 무리라고 비난하는 장면이 나온다. 실제로 그런 일이 있었는지는 모르겠지만, 어쩌 낯설지 않은 광경이다. 재정 비리나 성적 범죄를 저지른 목사의 잘못을 바로잡아 달라고 고소하면, 노회는 이상하리만큼 무조건 목사의 편을 든다. 잘못된 것을 바로잡아 달라고 요구하는 사람들을 이단이라고 매도하면서 말이다.

기독교 장로라는 이름만 가지고 있으면, 그 정치인이 풍수지리를 보든 절에 가서 합장을 하든 용하다는 점쟁이를 찾아가서 운세를 보든 상관하지 않는다. 그의 신앙적 모습에 진정성이 있는지의 여부는 관심이 없다. 더 나아가 그 사람이 내놓은 정책이 성경적 가치관에 입각한 것인지 따지지도 않고 무조건 밀어주는 현상이 우리에게 있다.

비록 영화에서는 나오지 않았지만, 장애 학생들의 편에 서서 진실을 밝히려고 노력한 그리스도인들도 있었다. 그러니까 도가니를 보면서 함께 분노해야 하는 것은 인간의 악한 모습과 이 사회의 부조리에 관한 것이지,

어떤 특정 그룹에 대한 것이어서는 안 된다. 경찰과 재판관이 침묵의 카르텔 속에 있는 것 같지만, 여전히 그중에는 정의를 갈망하는 자들이 있다. 소위 자신을 그리스도인이라 밝히는 사람들 중에는 가해자의 편에 서서 피해자들에게 이중적인 고통을 주려는 자들도 있지만, 거룩한 삶을 살려는 자들도 분명히 있다.

교회라는 보호막을 이용해 자신의 범죄와 악을 숨기려는 자들은 초대 교회 시절부터 지금까지 항상 존재해 왔다. 그런데 단순히 우리 편이냐 우리 편이 아니냐, 즉 기독교인이냐 아니냐를 가지고 무조건 보호막을 치거나 혹은 무조건 적대시하는 것은 어리석은 일이다. 나단 선지자는 다윗 왕이 범죄했을 때, 다윗을 자기 편이라 해서 무조건 감싸지 않았다. 그는 다윗을 찾아가서 잘못을 지적했다. 그리고 거기서 다윗이 살아났다. 범죄한 자를 살리는 길은 죄를 덮어 주는 것이 아니라, 정의를 시행하고 회개할 수 있게 돕는 데 있다. 그런데도 만약 회개하지 않는다면 교회 내에서 제거해야 한다.

사도 바울은 우리 시대의 문제와 비슷한 문제를 겪고 있었던 고린도 교회에게 이렇게 말했다. "이제 내가 너희에게 쓴 것은 만일 어떤 형제라 일컫는 자가 음행하거나 탐욕을 부리거나 우상숭배를 하거나 모욕하거나 술 취하거나 속여 빼앗거든 사귀지도 말고 그런 자와는 함께 먹지도 말라 함이라 밖에 있는 사람들을 판단하는 것이야 내게 무슨 상관이 있으리요마는 교회 안에 있는 사람들이야 너희가 판단하지 아니하랴 밖에 있는 사람들은 하나님이 심판하시려니와 이 악한 사람은 너희 중에서 내쫓으라"(고전 5:11-13).

흔히 "목사님은 하나님께서 심판하실 것이니, 우리가 나설 일이 아니다"라고 말하는 소리를 자주 듣는다. 하지만 성경은 반대로 말한다. 불신자

146

들의 악행은 하나님께서 심판하시게 놔두라. 하지만 교인이라 말하는 자들의 범죄는 철저하게 다루어, 교회의 거룩성을 회복해야 한다。

죄의 본성을 가지고 태어난다고 해서
악을 행하는 것이 정당화될 수는 없다

지난 2013년 6월 26일, 미국의 연방대법원은 연방 결혼보호법이 위헌이라고 판결하여, 동성애자 간의 결혼을 연방 차원에서 합법화했다. 미국의 경우 각 주마다 법이 다르므로 동성 간의 결혼을 금지한 지역까지는 영향을 미치지 못했지만, 머지않은 시기에 미국이 동성 간의 결혼을 완전히 합법화할 것은 불 보듯 뻔한 일이다.

한국은 여전히 보수적인 색채가 전반적으로 강하게 지배하고 있어서, 합법화의 단계로 가는 데에는 시간이 더 걸리겠지만, 동성애를 인권적인 차원에서 보려는 세계적인 추세 때문에 미국과 같은 길을 걷게 될 것은 분명해 보인다. 이러한 상황에서 동성애에 대한 우리의 입장을 성경적으로 어떻게 정리할 것인가는 매우 중요하다.

성경은 동성애를 죄로 규정하고 있으며, 하나님께서 금하시는 잘못된 행위라고 규정하고 있다(레 18:22; 20:13; 롬 1:26-27). 따라서 그리스도인으로서 하나님의 말씀에 온전히 순종하려고 하는 사람이라면 동성애가 죄악된 행위임을 기억해야 한다.

흔히 동성애를 죄로 보지 않고 성호르몬이나 유전자 문제로 보는 경우가 있다. 선천적 장애를 죄라고 볼 수 없듯이, 동성애적 경향도 죄로 볼 수 없다는 것이다. 하지만 우리 모두는 죄의 본성을 가지고 태어난다. 음욕을 품는 마음을 가지고 태어나고, 남을 시기하고 질투하는 기질을 가지고 태어나며, 남의 것을 탐하는 기질도 가지고 태어난다. 하지만 그 모든 것들을 성경은 죄라고 규정하고 있다. 동성애적 기질이 후천적인 것이 아니라 선척적인 것이라고 주장하는 것도 100퍼센트 확실한 근거가 없을 뿐더러, 설사 그렇다 하더라도 여전히 동성애는 성경적 관점에서 죄인 것이다.

또한 어떤 사람들은 예수님이 세리와 창기를 품으셨던 것처럼, 동성애자들도 분명히 품으셨을 것이라고 주장하기도 한다. 나도 그러한 주장에 동의한다. 하나님 앞에서 용서받지 못할 죄는 없기 때문이다. 하지만 간음하다가 현장에서 잡힌 여인에게 "나도 너를 정죄하지 아니하노니 가서 다시는 죄를 범하지 말라"(요 8:11)고 말씀하신 것처럼, 예수님은 동성애자에게도 이제는 동성애의 삶에서 떠나라고 요구하실 것이다.

우리는 그리스도인으로서 세상의 법이 성경적인 원리를 구현하도록 부단히 노력해야 한다. 노동법이나 세법이 성경적 나눔의 원리나 안식의 원리를 잘 반영하도록 노력해야 하듯이, 동성애가 사회 속에서 조장되지 않도록 결혼보호법과 같은 입법 등을 통해 신성한 결혼을 보전하는 일에 최선을 다해야 한다.

그런데 동성애가 죄라고 하는 사실이, 동성애자들에게 비난과 차별을 가해도 좋다는 말은 아니다. 그리스도인이라고 이름하는 사람들 중에는 극단적인 신도들이 있어서, 타종교나 동성애자들에게 독설을 퍼붓고 모욕을 해도 좋다고 생각하는 사람들이 있다. 사실 구약성경에서는 우상들을 불태우고 찍어 버리는 것이 신실한 성도의 모습으로 그려지고 있고, 음행을 저지르는 자들을 처형하는 것이 하나님 앞에 신실한 모습으로 표현되고 있다. 하지만 오늘날 우리가 그렇게 해도 된다고 생각하면 큰 오산이다. 구약에서 이스라엘은 하나님과 언약을 맺은 하나님의 백성이었다. 그들은 하나님과의 언약을 통해 오로지 하나님만을 섬기며 하나님의 말씀대로 살기로 맹세한 민족이었고, 그렇지 않으면 하나님의 형벌을 받기로 약조한 백성이었다. 그래서 그들의 범죄는 처벌의 대상이었고, 이스라엘 민족에게서 죄를 제거하는 것은 바른 일이었다.

하지만 우리는 구약의 이스라엘과는 다른 시대에 살고 있다. 우리 시대를 향한 성경의 말씀은 이렇다. "밖에 있는 사람들을 판단하는 것이야 내게 무슨 상관이 있으리요마는 교회 안에 있는 사람들이야 너희가 판단하지 아니하랴 밖에 있는 사람들은 하나님이 심판하시려니와 이 악한 사람은 너희 중에서 내쫓으라"(고전 5:12-13). 즉 불신자들이 우상을 섬기든 말든, 동성애를 하든 말든, 도둑질을 하든 말든 성도들이 상관할 바가 아니라는 말이다. 절간에서 우상을 섬기고 있다고 하여 분노함으로 불상을 찍어 버릴 것이 아니라는 말이다.

그런데 안타깝게도 하나님의 말씀대로 살려고 하는 성도들 가운데, 의로운 분노가 가득한 나머지 동성애자들에게 달려가 멱살을 잡고 욕을 해대려는 사람들이 있다. 타종교의 담장 안으로 넘어 들어가 우상을 박살내고 싶어 하는 사람들이, 소위 경건하다는 성도들 가운데에도 많이 있다. 그런데 성경을 좀 읽어 보라. 세상 사람들이 전봇대로 이를 쑤시든 말든 상관하지 말라는 것이다. 밖에 있는 사람들, 즉 불신자들의 악한 행동은 하나님이 판단하실 것이기 때문이다(고전 5:12-13).

우리는 자기 자신에게 발견되는 우상과 죄악들에 대해서는 관대하다. 불신자들의 우상숭배나 동성애 문제에 마음이 불편한 것 이상으로 나 자신의 죄악에 대해서 더욱 불편해하고 분노해야 하지 않는가? 탐욕과 물질을 우상으로 섬기며 하나님의 말씀에서 떠나 있는 자신의 모습을 보며 가슴 치고 회개해야 할 것이 아닌가? 놀랍게도 우리는 나 자신의 죄에 대해서는 관대하면서, 하나님께서 상관할 필요 없다고 말씀하시는 외부 사람들에게는 너무나 민감하게 반응하고 있다.

반면에 교회 안에 들어와 있는 죄악에 대해서는 아무런 조치가 없다. 교회 안에 들어와 있는 악한 사람들, 즉 음행을 저지르거나 우상숭배를 하는 교인들이 있다면, 그들을 교회 내에서 축출해 버리라고 성경은 권고하고 있다(고전 5:13). 그런데 교회는 여러 성직자들의 잘못에 대해서 아무런 조치를 취하고 있지 않을뿐더러 오히려 무조건적으로 감싸 주려고 하는 이상한 현상을 보이고 있다. 이것이 소위 한국인 특유의 "내 식구 감싸기" 관행인가?

또 하나 짚고 넘어가야 할 것은, 정치인들이 동성애 문제를 자신들의 득표 활동에 활용하는 것에 말려들어서는 안 된다는 것이다. 아마도 보수적인 정당에서는 동성애 문제를 제기하여 그리스도인들의 표를 끌어들이는 전략을 구사할 것이다. 미국에서 그랬던 것처럼 말이다. 하지만 단순히 동성애 문제만 가지고 어느 정당과 밀착하게 된다면, 기독교가 특정 정당의 사상과 밀착된 종교라는 잘못된 이미지를 사람들에게 심어 줄 것이다. 그리고 결과적으로는 그 정당을 지지하지 않는 사람들로부터 외면을 당할 가능성이 많다.

복음은 한편의 정치적 당파만을 위한 것이 아니라 모든 사람을 위한 것이다. 우리가 섣부른 판단으로 정치인들의 전략에 넘어간다면, 복음이 어느 정당을 위해서 봉사하는 것처럼 보이는 결과를 가져올 것이다. 그러기에 조심해야 한다。

내가 곰탕 한 그릇을 비우는 사이에
우리의 이웃은 절망의 바다에서 죽어 갔다

이럴 수는 없다. 수많은 생명을 수장시키고 자기 혼자 살겠다고, 아무런 조치도 취하지 않은 채, 아니 아무도 빠져나오지 못하게 선실에 가만히 들어가 있으라고 방송해 놓고, 제일 먼저 배를 빠져 나오다니…. 인간의 탈을 쓰고 이럴 수는 없는 것이다. 서울은 안전하다고 속여 놓고 국민 몰래 피난을 떠난 이승만 대통령 같은 선장 앞에서 우리의 분노는 쉽게 가라앉지 않는다.

자녀를 잃은 부모들의 피눈물을 보여 온 국민은 마치 자신들이 그들의

---

* 2014년 4월 16일, 인천항을 떠난 청해진 해운 소속 세월호는 진도 앞바다에서 침몰했다. 선장은 승객들에게 배 안에 가만히 있으라고 방송한 후, 혼자 밖으로 나와 구조를 받았다. 이 사건으로 인해 수백 명의 무고한 목숨을 잃었다.

어머니인 양 슬퍼하며 좌절하고 있다. 바로 코앞에서 배 속에 갇힌 아이들이 절규하면서 죽어 가고 있는데, 단 한 명의 생존자도 구하지 못한 무능한 정부 앞에서 우리는 절망하지 않을 수 없다. 그런데도 정부의 변명은 어쩌면 그렇게 선장의 궤변과 닮았단 말인가? 대한민국호가 침몰 중인데 이 배의 선장은 변변한 조치도 취하지 않은 채, 힘없는 자들에게만 책임을 뒤집어씌우고 정작 자신들은 비난의 화살을 비켜 가며 안전지대로 도망가는 일에 급급해하고 있다.

인터넷에 떠도는 흉흉한 음모설은 전혀 근거가 없는 것이겠지만, 그런 음모설이 기존의 언론 보도보다 훨씬 빠르게 퍼져나가는 이유는 무엇인가? 뻔뻔한 선장을 너무나 빼닮은 기자들은 진실이 죽어 가는 것을 방치한 채, 정권의 애완견이 되어 자신의 이익만을 챙기기에 바빴기 때문 아닌가? 피해자 가족들의 슬픔은 그들에겐 단순히 언론 사업의 호재로 비칠 뿐이다. 이러한 언론의 현실은 지적하지 않은 채 마치 SNS가 구조를 더 어렵게 만든 주범인 양 비난하고, 침묵하라고 강요하고, 회개나 하라고 외치는 것은 또 하나의 뻔뻔한 선장의 모습이 아닐 수 없다.

실컷 욕을 해대면 조금이라도 분이 풀릴까 했는데, 가만히 생각해 보니 우리 자신이 그런 무책임하고 뻔뻔한 선장들이 아니었던가? 옆에서 절망 가운데 신음하고 있는 형제들이 있는데, 우리들은 구조를 외면하고 나의 안위만을 챙기지 않았던가? 장애우들의 아픔을 외면하고, 학생들이 기형적인 입시 체제 속에서 질식해 가고 있는 것을 외면하고, 최저임금도 제대로 받지 못하는 노동자들의 아픔을 나 몰라라 한 것이 바로 우리의 모습 아닌가? 사회적 약자를 돕기보다 내 밥그릇 챙기기에 바빴던 뻔뻔한 선장의 모습은 바로 우리 마음속 깊숙이 들어와 있다.

세월호 선장을 향해서 던져야 할 돌은 사실 나를 향해서 던져야 할 돌이었다. 내가 안락함의 곰탕 한 그릇을 비우는 사이에, 우리의 이웃들은 결코 헤어 나오지 못할 절망의 바다에서 죽어 갔다. 최대의 이익을 위한 무리한 선실 증축과 위험을 무릅쓴 항해가 수많은 학생들의 꿈과 미래를 앗아갔듯이, 이익과 개발이란 이름의 욕망은 수많은 이를 희생시키고 있다. 마치 나와는 아무런 상관없는 것처럼 그 현실을 외면하고 살아온 내게 그 뻔뻔한 선장의 죄가 있는 것이다.

이제는 손해를 선택해야 한다(고전 6:7). 나의 이익을 위해 타자를 희생하는 이기심을 버려야 한다. 그리고 절망 가운데 있는 이들에게 희망의 구명정을 양보해야 한다. 그러다가 내가 죽는 한이 있더라도 말이다. 그게 선장이다. 우리는 모두 선장으로 부름받은 사람이다(벧전 2:9). 우리 곁에서 절망 가운데 사람들이 죽어 가고 있는데, 뻔뻔한 그 선장처럼 아무것도 조치하지 않은 죄가 가장 큰 죄임을 기억해야 한다.

영원한 우리의 선장되신 예수님은 우리를 구하기 위해 이 세상에 오셨다. 우리가 범죄하여 죄의 종으로 살아갈 때 그리고 영원한 멸망을 향해 나아갈 때, 주님은 십자가에서 자신의 생명을 드려 우리를 구원해 주셨다. 그렇다면 우리도 이 세상에서 참된 선장으로 살아가야 한다. 이제 그 뻔뻔함을 회개해야 할 때이다. 더 늦기 전에。

5부

: :

해와

달과

별들의

찬양

몸은 죽여도 영혼은 능히 죽이지 못하는 자들을 두려워하지 말고
(마 10:28)

권세에 관한 성경적 가르침은, 우리 모두가 권세에 복종해야 한다는 것이다. 이러한 원리는 로마서 13장에 분명하게 기록되어 있다. 모든 권세는 하나님께서 정하셨으며, 따라서 권세에 복종하지 않고 거역하는 것은 하나님을 거역하는 것과 진배없다는 것이 성경의 가르침이다.

"각 사람은 위에 있는 권세들에게 복종하라 권세는 하나님으로부터 나지 않음이 없나니 모든 권세는 다 하나님께서 정하신 바라 그러므로 권세를 거스르는 자는 하나님의 명을 거스름이니 거스르는 자들은 심판을 자취하리라"(롬 13:1-2).

같은 맥락에서 베드로전서는 이렇게 기록하고 있다. "인간의 모든 제도를 주를 위하여 순종하되 혹은 위에 있는 왕이나 혹은 그가 악행하는 자를 징벌하고 선행하는 자를 포상하기 위하여 보낸 총독에게 하라"(벧전

2:13-14).

하지만 이러한 가르침은 그 권세가 잘못된 권세인지 아닌지 상관없이 무조건 복종해야 한다는 것을 의미하지는 않는다. 로마서 13장과 베드로전서 2장의 말씀은 권세에 관한 일반론을 말하는 것으로, 사악한 권세 또는 잘못된 명령에 복종해야 하는가에 관한 문제를 다루고 있지 않다. 따라서 이 말씀을 근거로 악한 정권이나 잘못된 명령에도 복종하는 것이 옳다고 주장하는 것은 본문을 잘못 적용하는 일이다.

일제강점기에 일본 정부는 우리 민족에게 신사참배를 강요한 바 있다. 그때 한국 교회 목회자들이 실제로 신사참배를 받아들이는 논리적 근거로 로마서 13장을 들었다. 당시 한국을 다스리던 일본 총독도 결국 하나님께서 세우신 권세인데, 명령에 복종하지 않는 것은 하나님 앞에 심판받을 죄라고 주장한 것이다.

하지만 성경의 가르침은 정반대이다. 만일 악한 권세와 명령에도 순종해야 한다면, 이집트 바로 왕의 학정 가운데 노예의 삶을 살았던 이스라엘 민족은 해방을 꿈꿀 수 없었을 것이다. 하나님은 모세와 아론을 이스라엘 민족에게 보내셔서, 바로 왕에게 항거하고 이집트에서 빠져나오게 하셨다. 그뿐 아니라 남자 아기가 태어나면 모두 그 자리에서 죽이라는 바로 왕의 명령을, 히브리 산파인 십브라와 부아는 거부했다. 자신들의 위에 있는 권세인 바로 왕의 시퍼런 명령을 무시한 것이다. 그런데 하나님은 세상의 권세에 순복하지 않았다고 그들을 심판하지 않으셨다. 오히려 하나님은 그들에게 은혜를 베푸셨다(출 1:20).

느부갓네살 왕은 다니엘과 세 친구에게 금 신상에 대고 절하라고 명했지만, 그들은 단호하게 거부했다. "느부갓네살이여 우리가 이 일에 대하여 왕에게 대답할 필요가 없나이다 왕이여 우리가 섬기는 하나님이 계시다면 우리를 맹렬히 타는 풀무불 가운데에서 능히 건져 내시겠고 왕의 손에서도 건져 내시리이다 그렇게 하지 아니하실지라도 왕이여 우리가 왕의 신들을 섬기지도 아니하고 왕이 세우신 금 신상에게 절하지도 아니할 줄을 아옵소서"(단 3:16-18).

신약에서도 마찬가지이다. 유대 관원들은 사도들을 체포하여 채찍질하고 위협하면서 다시는 예수의 이름을 전하지 말라고 명령했다. 하지만 베드로와 요한은 그러한 명령을 거부했다. "하나님 앞에서 너희의 말을 듣는 것이 하나님의 말씀을 듣는 것보다 옳은가 판단하라 우리는 보고 들은 것을 말하지 아니할 수 없다"(행 4:19-20).

성경 전체의 가르침은 명백하다. 만일 악한 명령이라면, 그 명령을 내리는 세상 권세를 두려워하지 말고 거부해야 한다는 것이다(눅 12:4).

그런데 로마서 13장 1절은 "모든" 권세는 다 하나님께서 정하신 것이라고 하면서, 권세에 복종하라고 권면하고 있다. 그러니까 성경을 읽는 우리는 선한 권세뿐 아니라 악한 권세라 할지라도 복종해야 하는 게 아닌가라는 질문을 던질 수 있다.

"모든"이라는 단어는 항상 문자적으로 100퍼센트를 의미하지 않는다. 예수님은 제자들에게 "너희가 내 이름으로 말미암아 모든 사람에게 미움을 받을 것"이라고 말씀하신 바 있다(눅 21:17). 하지만 이 말씀은 전 세계의 모든 인구가 단 한 사람도 예외 없이 모두 미워할 것이라는 의미가 아니다. 여기서 "모든" 사람에게 미움을 받는다는 말은 '일부 계층'의 반대 개념을 지칭하는 말이다. 즉 제자들이 유대인들뿐 아니라 이방인들에게서도 미움을 받을 것이고, 관리들뿐 아니라 평민들에게서조차 미움을 받을 것이며, 노인들뿐 아니라 청년이나 어린이들에게서도 미움을 받을 것이고, 남자들뿐 아니라 여자들에게서도 미움을 받을 것이라는 의미에서의 '모든 계층'의 사람을 지칭한다.

따라서 로마서 13장에 나오는 "모든"이라는 표현도 하나님께서 다양한 종류의 권세들을 모두 세우셨음을 의미하는 것이다. 즉 국가 권세뿐 아니라 부모의 권세도 하나님께서 세우셨고, 사도의 권세뿐 아니라 선생님의 권세도 하나님께서 세우신 것이라는 의미이다. 권세라는 형태를 가지고 있다면, 그 권세는 당연히 하나님께로부터 온 것임을 인정하고 항상 복종해야 한다는 것을 뜻하는 것이다.

악한 권세의 문제는 이 말씀에 해당되지 않는다. 권세에 관한 일반론을 다루는 로마서 13장은 악한 권세의 특수한 경우를 언급하지 않는다. 다만 권세가 가지는 근본적인 기능만을 언급한다. 다스리는 자는 하나님의 사역자가 되어 악한 일을 처벌한다(롬 13:3-4). 따라서 우리는 하나님의 사역자로서 하나님의 뜻을 수행하는 권세에 대해 복종하는 것이 옳으며, 그 권세에 복종하는 것은 하나님의 뜻에 복종하는 것이 된다. 따라서 단순히 무서워서 복종하는 것이 아니라, 하나님의 뜻을 따르고자 하는 마음에서 권세에 복종해야 한다(롬 13:5). 또한 선한 사역을 하는 권세를 위해 마땅한 조세와 관세를 바쳐야 하고, 존경도 해야 한다(롬 13:6-7).

물론 악한 권세도 하나님의 섭리 가운데 세워지는 것을 인정하지 않을 수 없다. 이 세상의 모든 일들은 하나님의 주권 아래 있으며, 참새 한 마리가 땅에 떨어지는 것조차 하나님의 섭리와 관련이 있기 때문이다. 그러나 로마서 13장에서 모든 권세를 하나님이 세우셨다고 하는 것은 악한 권세에도 순종해야 한다는 결론으로 이어질 수 없다. 이 문제는 앞에서 살펴본 것처럼 다른 성경 구절을 통해 교훈을 얻어야 한다。

우리가 행하는 모든 일은
긍정적인 의미에서든 부정적인 의미에서든
하나님을 시험하는 셈이다

40일 동안 금식하신 예수님 앞에 나타난 사탄은 세 가지 시험으로 예수님을 넘어뜨리려고 했다. 그중 하나는 만일 예수님이 하나님의 아들이라면 성전 꼭대기에서 뛰어내려 보라는 것이었다(눅 4:9). 성경에 "너를 위하여 그의 천사들을 명령하사 네 모든 길에서 너를 지키게 하심이라"(시 91:11)는 말씀이 있으니, 뛰어내려도 전혀 해를 입지 않을 것이 아니냐며 예수님을 충동질했다. 그러나 예수님은 하나님의 아들 됨을 증명하기 위해 사탄의 말대로 성전 꼭대기에서 뛰어내리시지 않았다. 대신 "너희의 하나님 여호와를 시험하지 말[라]"(신 6:16)는 성경의 기록을 상기시키셨다.

그런데 성경을 보면 하나님을 시험하라는 말씀도 등장한다. 말라기 3장 10절은 이렇게 기록한다. "만군의 여호와가 이르노라 너희의 온전한 십일조를 창고에 들여 나의 집에 양식이 있게 하고 그것으로 나를 시험하여 내가 하늘 문을 열고 너희에게 복을 쌓을 곳이 없도록 붓지 아니하나 보라." 십일조를 드리고 하나님께서 정말로 복을 내리시는지 시험해 보라는 말씀이다.

한편에서는 절대로 하나님을 시험하면 안 된다고 하고, 또 한편에서는 하나님을 시험해 보라고 하니, 이 상황에서 우리는 어떻게 해야 할까? 그런데 말씀을 자세히 살펴보면, 각각의 의미가 다르다는 것을 알 수 있다. 하나님을 시험하지 말라는 말씀은 '하나님을 불신하는 가운데' 시험하지 말라는 것이다. 출애굽 당시의 이스라엘 민족이 그랬다. 그들은 하나님의 인도하심을 받았음에도 불구하고 하나님을 신뢰하지 못했다. 그래서 물이 없다고 모세를 원망했다. 이러한 행위는 하나님을 불신하는 가운데 하나님을 시험하는 행위였다. 자비하신 하나님은 반석에서 물을 내심으로 이스라엘 민족에게 물을 제공하셨지만, 다시는 불신하는 가운데 하나님을 시험하지 말라고 경고하셨다(신 6:16).

기드온은 미디안과 싸우러 가라는 하나님의 말씀을 듣고도, 하나님께서 과연 자신과 함께하실지 확신이 서지 않았다. 그래서 양털에만 이슬이 내리는 기적과 양털에만 이슬이 내리지 않는 기적을 통해 하나님께서 자기와 함께하심을 확인하고 싶어 했다(삿 6:36-40). 이러한 기드온의 시험은 신뢰하지 못하는 가운데 하나님을 시험하려는 것이었다.

반면 십일조를 드려서 하나님께서 복을 내리시는지 시험해 보라는 말씀(말 3:10)은 '하나님을 철저히 신뢰하는 가운데' 하나님의 말씀을 기대하고 확인해 보라는 의미이다. 이런 긍정적인 의미에서는 우리가 하나님을 시험할 수 있다. 기도하면 응답하겠다고 하셨기에, 우리는 기도하면서 하나님의 응답을 기대할 수 있다. 하나님의 말씀대로 사는 것이 복이라 하셨기에, 말씀대로 살면서 복된 삶을 기대할 수 있는 것이다.

사실 우리가 행하는 모든 일은 긍정적인 의미에서든 부정적인 의미에서든 하나님을 시험하는 셈이다. 우리가 어떻게 행동하느냐에 따라 하나님의 반응이 달라질 수 있기 때문이다. 만일 우리가 하나님의 말씀에 순종하며 의인의 길에 선다면, 복된 자가 될 것이다(시 1편). 만일 우리가 하나님을 떠나 죄악의 길로 달려간다면, 파멸로 치달을 것이다. 산성을 만나면 빨간색으로 변하고 염기성 만나면 보라색으로 변하는 리트머스 종이처럼, 우리가 하나님을 순종하느냐 불순종하느냐에 따라 하나님의 반응은 달라질 것이다.

　성경은 우리가 하나님을 불순종하면서 하나님의 심판을 자초하는 시험을 하지 말라고 경고한다. 시험을 하라는 말씀은, 우리가 하나님을 신뢰하고 하나님의 말씀에 순종하여 복된 삶을 누리는 시험을 하라는 것이다. 지금 나는 하나님을 온전히 신뢰하고 있는가? 그리고 그 하나님의 말씀에 순종하며 살고 있는가?

하나님의 뜻에 따라 십일조를 드리는 것은 그 자체로 복된 삶이다

성경은 소득의 십일조를 구별하여 하나님께 드리라고 기록한다. 사실 십일조에 대한 가르침은 한두 마디로 설명하기가 어려운데, 일단 십일조의 의미에 대해 몇 가지 이야기해 보겠다.

십일조를 드리는 것은 우리가 가진 모든 것이 하나님의 소유임을 고백하는 것이다. 우리는 하나님의 소유를 잠시 관리하는 청지기일 뿐이다. 내 것이라면 내 뜻대로 사용할 수 있겠지만, 하나님의 것이기 때문에 그리고 그것을 잠시 맡아서 관리하는 것이기에 주인이신 하나님의 뜻대로 사용해야 하는 것이다.

십일조를 드리는 또 다른 의미는 우리가 떡 때문이 아니라, 하나님 때문에 살아간다는 것을 실제적으로 고백하는 데 있다. 물질이라는 것은 아무리 많아도 늘 부족하게 느껴지는 법이다. 그런 상태에서 10분의 1이라는 분량을 떼어 드린다는 것은 우리를 두렵게 만들 수 있다. 어떻게 10분의 9만 가지고 살아갈 수 있을까 하는 염려가 생기는 것이다. 하지만 십일조를 드림으로써, 나를 살리는 것이 물질이 아니라 하나님이심을 고백하는 것이다. 따라서 신앙인이라면 당연히 이러한 십일조의 고백이 있어야 한다. 물질이 있어야만 먹고살 수 있다는 생각은 커다란 불신앙이다.

하나님의 뜻에 따라 십일조를 드리는 것은 그 자체로 복된 삶이다. 하나님 말씀에 따라 사는 것은 곧 하나님과 동행하는 것을 의미하기 때문이다. 하나님을 떠나는 삶이 잠시 풍요로워 보일 수 있지만, 궁극적으로는 피폐한 삶을 맞이하게 될 것이다. 마치 집을 떠난 탕자가 돼지 쥐엄 열매를 따먹는 신세가 되었듯이 말이다. 하나님과 함께하는 삶은 비록 빈곤해 보일 수 있지만, 전쟁의 포화 속에서도 잠잠히 엄마의 품에 안긴 아기처럼, 그 자체가 복이요 평안이라는 사실을 기억해야 한다.

하나님은 우리를 사랑하실 뿐 아니라, 그 아들과 함께 모든 것을 은사로 주시는 분이다(롬 8:32). 하나님께 드린 만큼 그와 비례해서 우리가 받는 것이 아니다. 우리가 감히 받을 수 없는 과분한 사랑과 은혜를 하나님께서 베푸시는 것이다. 십일조는 우리가 하나님 앞에서 자랑할 수 있는 것이 아니다. 하나님의 풍성한 은혜에 비하면 우리의 공로는 새 발의 피에 불과하기 때문이다.

따라서 십일조를 드릴 때, 내가 이만큼 드렸으니 하나님께서 그와 비례하는 반대급부를 주실 것이라는 얄팍한 생각은 버려야 한다. 중요한 것은 우리의 마음이다(잠 4:23). 십일조를 철저하게 냈으니 다 되었다고 생각한 사람들에게, 예수님은 십일조가 아니라 정의, 긍휼, 믿음이 더 중요하다고 말씀하셨다(마 23:23). 우리의 드림은 위에서 기록한 것과 같은 믿음의 고백 때문에 드려지는 것이어야지, 하나님께로부터 오는 반대급부가 욕심

나서 드려서는 안 된다.

　십일조에 관한 신약적 교훈이 있다면, 그것은 100퍼센트를 다 드리라는 것이다. 구약에서는 십일조만 규정하고 있지만, 주님은 우리에게 모든 것을 다 버리고 주님을 따를 것을 요구하신다. 따라서 10분의 1만 드리고 다 드렸다고 생각하는 것은 바른 믿음이 아니다. 십일조를 드릴 뿐 아니라, 10분의 9도 하나님의 뜻에 따라 사용해야 한다. 모두가 하나님의 소유이고, 우리는 잠시 그것을 맡은 청지기에 불과하기 때문이다. 우리는 항상 하나님의 것을 사용한다는 생각을 가지고 살아야 한다.

오직 주께서는 너희를 대하여 오래 참으사
아무도 멸망하지 아니하고
다 회개하기에 이르기를 원하시느니라
(벤후 3:9)

얼마 전 스리랑카에서 선교하는 권사님이 보냈다고 하는 짤막한 글이 인
터넷에 돌았다. 그 글에 따르면 나이지리아를 여행하던 목사님이 우연히
한 노인을 만났는데, 그 노인이 실제로는 천사였으며 한 가지 중요한 메시
지를 전했다는 것이다. 성부 하나님께서 인간의 잔인함과 타락함에 화가
나셔서 천사들에게 심판의 나팔을 불라고 하셨는데, 예수님이 "저의 흘
린 피를 기억하소서" 하시며 간청하시는 바람에, 성부 하나님께서 마지막
기회를 주겠다고 하셨다는 것이다.

물론 주님은 오늘 밤에도 오실 수 있다. 하지만 이런 식의 글에 현혹되
어서는 안 된다. 특히 "성부 하나님께서 인간들의 잔인함과 타락함에 화
가 나셔서 천사들에게 심판의 나팔을 불라고 하셨다"는 말은 성경에서
가르치는 하나님의 모습과 전혀 다르다. 성부 하나님께서 우리의 죄를 참

지 못하여 심판하기를 안달하시는 반면, 성자 예수님은 그 화를 누그러뜨리길 원하신다는 모습은 성경의 어떤 기록에서도 찾아볼 수 없다. 성경은 오히려 지금도 길이 참으시는 하나님이심을 기록하고 있다. "주의 약속은 어떤 이들이 더디다고 생각하는 것같이 더딘 것이 아니라 오직 주께서는 너희를 대하여 오래 참으사 아무도 멸망하지 아니하고 다 회개하기에 이르기를 원하시느니라"(벧후 3:9).

우리의 신앙생활은 오직 성경 말씀에 근거해야 한다. 누가 환상을 보았다느니, 천국을 보고 왔다느니 하는 말에 신경을 쓰지 않으면 좋겠다. 주님의 재림이 멀었다는 말이 아니다. 재림을 의식하지 말라는 것도 아니다. 다만 하나님은 우리가 이 세상을 떠나 빨리 천국에 들어오기를 원하시는 것이 아니라, 지금 이 세상에서도 해야 할 사명을 주시고 그 사명을 신실하게 감당하기를 원하신다는 말이다.

예수님이 승천하시기 직전에 제자들은 이렇게 물었다. "주께서 이스라엘 나라를 회복하심이 이때니이까"(행 1:6). 하지만 예수님은 언제 오시겠다고 말씀하지 않고, 이렇게 대답하셨다. "때와 시기는 아버지께서 자기의 권한에 두셨으니 너희가 알 바 아니요 오직 성령이 너희에게 임하시면 너희가 권능을 받고 예루살렘과 온 유대와 사마리아와 땅 끝까지 이르러 내 증인이 되리라"(행 1:7-8).

우리가 관심을 쏟아야 할 것은 주님이 언제 오시는가가 아니라, 주님께서 우리에게 맡기신 사명을 어떻게 감당할까 하는 것이다.

너희가 먹든지 마시든지 무엇을 하든지
다 하나님의 영광을 위하여 하라
(고전 10:31)

한번은 아는 지인에게서 질문을 받았다. 순대나 선지국, 덜 익힌 고기 등을 먹는 것이 그리스도인으로서 옳은 일인지 말이다. 이런 질문이 이제 갓 예수를 믿고 성경을 읽기 시작한 사람에게서 나온 것이 아니라, 한국의 어떤 대형 교회의 장로님이 던진 질문이라는 게 놀라웠다. 이미 알고 있는데 다시 한 번 확인하기 위해서 질문하신 것이라 스스로를 세뇌시키면서 이렇게 대답했다.

구약에서는 율법에서 피를 먹는 것을 엄격하게 금했습니다. 하지만 신약에서는 율법이 예수 그리스도로 말미암아 성취되었으므로, 이제는 더 이상 율법을 지켜야 구원을 얻는다고 말할 수 없고, 오직 예수님만으로 충분하다고 말합니다. 일반적으로 구약의 율법은 의식법, 시민법, 도덕법 세 가지로 구분합니다. 의식법은 구약의 제사와 종교적 의식과 관련된 율법으로, 예수님이 십자가에서 부활하심으로써 그 의미를 온전히 성취하셨으므로, 더 이상 신약의 성도들에게 적용되지 않는 법이라고 할 수 있습니다. 시민법은 구약의 이스라엘이 하나님께서 다스리시는 신정국가이기 때문에 적용되는 법률로서, 오늘날에는 신정국가 개념이 없으므로 역시 신약의 성도들에게 적용되지 않는다고 할 수 있습니다. 오늘날 신약의 성도들에게 적용되는 것은 영원한 성격을 가진 도덕법뿐입니다. 피를 먹는 문제는 도덕법의 범주에 들지 않으므로, 이제는 신약의 성도들에게 적용되지 않는다고 보는 것이 옳습니다.

하지만 사도행전에서는 이방인이었다가 그리스도인이 된 사람들에게 "피를 멀리하라"고 권고하고 있습니다(행 15:20, 29; 21:25). 어떤 주석가는 이 말씀이 피를 먹지 말라는 것이 아니라, 살인을 금하라는 권고라고 해석하기도 합니다. 이러한 해석은 불가능한 것은 아니지만 좀 무리가 있습니다. 이방인 그리스도인들에게 피를 먹지 말라고 권고하는 것으로 보는 것이 옳습니다. 하지만 이러한 권고는 신약의 성도들에게 반드시 적용되는 '율법'의 문제로 주어진 것이라기보다, 유대인 그리스도인과의 교제를 방해받지 않기 위해 '사랑'의 방식으로 피를 금할 것을 권고하는 것 같습니다. 이제 막 예수 그리스도를 영접한 이방인 그리스도인들이, 유대인들이 극도로 혐오하는 것을 아무렇지 않게 함으로써 하나 됨을 깨뜨리지 말라는 사랑의 권고인 것입니다.

성경은 신약 성도들에게 "(무엇을) 먹든지 (무엇을) 마시든지 무엇을 하든지 하나님의 영광을 위하여 하라"(고전 10:31)고 가르칩니다. 무엇을 먹고 무엇을 먹지 않을까가 중요한 질문이 아니라, 지금 내가 먹는 것을 통해 혹은 먹지 않는 것을 통해 하나님의 영광을 돌릴 수 있는가가 더 중요한 질문인 것입니다.

골로새서 2장은 이렇게 선언합니다. "또 범죄와 육체의 무할례로 죽었던 너희를 하나님이 그와 함께 살리시고 우리의 모든 죄를 사하시고 우리를 거스르고 불리하게 하는 법조문으로 쓴 증서를 지우시고 제하여 버리사 십자가에 못 박으시고 통치자들과 권세들을 무력화하여 드러내어 구경거리로 삼으시고 십자가로 그들을 이기셨느니라 그러므로 먹고 마시는 것과 절기나 초하루나 안식일을 이유로 누구든지 너희를 비판하지 못하게 하라"(골 2:13-16).

그리스도께서 십자가에서 승리하셨는데, 먹는 문제 혹은 안식일 문제 같은 것으로 걸고넘어질 게 아닙니다. 무엇을 먹느냐, 어떤 날을 쉬어야 하는가의 문제는 중요한 문제가 아닙니다. 더 중요한 것은 십자가의 은혜가 나의 삶에 드러나고 있는가 그리고 하나님께 영광을 돌리고 있는가 하는 것입니다.

그리스도인들이 순대나 선지를 먹지 못할 이유는 없다. 토요일이 진짜 안식일이라고 우길 이유도 없다. 성경이 그렇게 가르치고 있으니까.

하나님은 '무엇이 되는가'보다
'어떻게 살 것인가'를 더 중요하게 보신다

약간 과장하여 말하건대, 우리 교회 성도들 중 거의 대부분은 그 일가친척 가운데 목회자가 한두 명씩은 꼭 있다. 심지어 처음으로 교회에 나왔다는 분들과 이야기를 해봐도, 그들의 친척 가운데 목회자가 있는 경우가 많았다. 그만큼 한국 교회는 목회자가 넘쳐 나는 시대를 맞게 된 것이다. 타락의 극치를 달리던 중세 암흑기에도 성직자의 수가 기하급수적으로 늘어났다고 하는데, 오늘날 한국 교회의 타락과 목회자의 과잉 공급도 그와 어느 정도 연관성이 있는 것은 아닐까?

한국 교회에 목회자가 과잉 공급된 원인은 무엇일까? 가장 근본적인 원인은 이원론적 사고방식에 있는 것 같다. 즉 평신도로 지내면서 세상적인 일을 하는 것보다 목회자가 되어 거룩한 일을 하는 것이 더 고귀하고 가치 있다고 생각하는 것이다. 이미 16세기 종교개혁 시대에 직업 소명론을 통해, 종교적인 일이 아닌 업무들도 하나님께서 주시는 소명임을 간파한 바 있다. 그런데 한국 그리스도인들과 심지어는 목회자들의 설교 속에서도, 이 세상의 직업이란 그저 입에 풀칠하기 위한 저급한 수단이라는 관념이 깔려 있는 것이다.

하나님은 목사가 되는 것만큼이나 세상의 일을 하는 것을 기뻐하신다. 더 정확히 말하면, 하나님은 어떤 직업을 가지는가보다 어떻게 사는가를 더 중요하게 보신다. 홉니와 비느하스는 제사장이라는 직분을 가졌지만 결국 하나님 앞에서 신실하지 못하다는 평가를 받았다. 반면 다윗은 왕이라는 세속적인 직업을 가졌지만 성실하게 자신의 직무를 다함으로써 하나님을 기쁘시게 할 수 있었다.

한국 교회에 목회자가 과잉 공급된 또 다른 원인은, 자녀를 목사로 바치겠다는 잘못된 서원 때문이다. 이러한 서원은 앞에서 언급한 이원론적 사고방식에서 비롯된 것으로, 하나님께서 결코 기뻐하실 만한 서원이 아니다. 많은 이들이 무분별하게 자신의 자녀들을 목회자로 바치겠다고 서원한다. 그리고 한번 서원한 것은 해로울지라도 지켜야 한다는 말씀 때문에, 목회자가 되는 데 반드시 필요한 외적소명(外的召命)의 확인도 없이 목사의 길로 떠밀고 있는 것이다.

목회자가 되기 위해서는 하나님께서 자신을 목회자로 부르셨다는 내적소명(內的召命)과 함께, 여러 가지 조건과 다른 사람들로부터 확인될 수 있는 외적소명이 동반되어야 한다. 하나님이 어떤 사람과 결혼하기를 원하시는 것 같다는 내적 확신이 든다고 해서, 그 사람과 무조건 결혼할 수 없는 것과 마찬가지다. 상대방의 동의가 있어야 결혼할 수 있는 것처럼, 목회자가 되겠다는 서원도 좀더 다각적인 판단하에 이루어져야 한다.

목회자로 서원했다가 그 길로 가지 않은 사람들 중에는, 불행한 일을 겪거나 사고가 생길 때마다 목사가 되지 않아서 그런 일들이 생기는 것은 아닌가 불안해하는 사람도 있다. 물론 하나님은 그런 사건들을 통해서 경고하실 수도 있지만 반드시 그런 것은 아니다. 하나님은 우리가 잘못 서원한 것에 대해 충분히 이해하신다. 우리가 잘못 기도할 때 하나님께서 우리가 미처 구하지 못한 더 좋은 것으로 응답해 주시는 것처럼, 우리가 잘못 서원한 것에 대해서도 충분히 이해하시고 다른 길로 주님을 섬기는 삶을 축복하신다.

만일 오래전에 잘못된 생각으로 자녀의 삶에 대해 서원했다면, 지금 하나님께 다시 기도하는 것이 좋을 것이다. "하나님, 예전에는 잘 모르고 제 아이를 목회자로 바치겠다고 서원했습니다. 그게 하나님의 뜻이 아닐 수 있음을 이제 깨달았습니다. 하나님은 무엇이 되는가보다 어떻게 살 것인가를 더 중요하게 보시는 분임을 깨달았습니다. 하나님께서 어떤 길로 인도하시든지, 제 아이가 하나님 앞에 신실하고 영광 돌리는 자로 살게 하여 주옵소서. 주님, 여전히 제 마음은 하나님께 열려 있습니다. 주님의 뜻이라면 무엇이든지 그대로 이루어지기를 원합니다. 만일 하나님께서 지금이라도 내적소명과 외적소명을 확인시키어 제 아이를 목회자로 부르신다면, 저는 주님의 뜻이 이루어지는 것을 기뻐하며 받아들일 것입니다. 제 뜻대로 마옵시고, 주님의 뜻대로 하옵소서."

만일 자신이 어떤 고통 가운데, 자신의 은사를 확인함도 없이 목사가 되기로 서원했다면, 이제라도 하나님께 다시 기도할 수 있으면 좋겠다. "하나님, 예전에 제가 성급하게 기도했습니다. 당시에 제 마음이 너무 다급해서, 하나님께서 제 삶을 어떻게 이끄실 것인지 세심하게 귀 기울이지 않은 채 제 욕심을 채우고자 서원을 드렸습니다. 이기적이고 욕심으로 가득 찬 저를 용서하여 주옵소서. 하나님께서 여전히 저를 목회자의 길로 부르신다면, 제게 확실한 내적소명과 외적소명을 보여 주시옵소서. 그러나 만일 주님의 뜻이 아니라면, 하나님께서 제게 어떤 길을 열어 주시든지 신실하게 주님을 따르며 영광 돌리는 삶을 살게 하여 주옵소서."

하나님께서 원하시지 않는 서원이라면, 과감하게 하나님의 뜻에 맞는 서원으로 바꿔야 한다. "그의 마음에 서원한 것은 해로울지라도 변하지 아니하며"(시 15:4)라는 말씀은 이기적인 욕심으로 서원을 변개하는 것에 대한 교훈의 말씀일 뿐이다. 만약 하나님께서 원하시는 것을 발견하여 더 큰 서원으로 바꿀 수 있다면, 하나님은 도리어 기뻐하실 것이다。

제비뽑기가 하나님의 뜻을
온전히 나타낸 경우는
하나님께서 자신의 뜻을 나타내기로
작정하셨을 때뿐이었다

우리는 지난 98회 교단 총회에서 직선제에 의한 선거를 치렀다. 지난 13년 간의 구슬뽑기 방식에서 직선제로 회귀한 것은 역사적으로 의미 있는 변화였다. 그런데 제비뽑기가 여전히 가장 성경적인 선출 제도이며, 다수결에 의한 직선제는 성경적이지 않다는 주장이 제기되고 있어 아쉽다. 제비뽑기가 가장 성경적인 제도이기에 지금 우리가 그 방법을 따라야 한다는 주장은 과도한 해석이며, 더 나아가 성경적인 지지를 받을 수 없다.

성경에 형사취수 제도나 노예 제도 혹은 일부다처의 관습이 있었다고 해서 오늘날에도 그런 제도를 따르지 않는 것과 같다. 마찬가지로 제비뽑기가 성경에서 사용되었다고 해서 오늘날에도 그런 제도를 아무런 고민 없이 사용해서는 안 된다.

우리가 제비뽑기를 사용할 수 없는 이유는, 하나님의 뜻이 이제는 성경

66권 가운데 밝히 드러났기 때문이다. 신앙생활에 필요한 하나님의 뜻은 이미 모두 계시되었기 때문에, 하나님의 말씀인 성경의 의존하여 판단하면 되는 것이다. 구약시대에 선지자 역할을 하던 사람들이 지금은 존재하지 않는다. 즉 이제는 아무도 직통 계시를 받아 하나님의 말씀을 전달하지 않는다는 뜻이다. 제비뽑기는 하나님의 계시가 완전히 주어지기 전에 한시적으로 사용한 방법으로, 오늘날에도 제비뽑기를 통해서만 하나님의 뜻을 가릴 수 있다는 생각은 철저하게 잘못된 주장이다.

또한 사람의 의지와 하나님의 뜻은 양립할 수 없는 배타적인 것이 아니다. 제비를 사람이 뽑았더라도 그것이 여호와의 작정에 의한 것이라고 잠언 16장 33절에 의해 고백할 수 있다면, 사람이 직접선거를 통해 선출하더라도 동일하게 하나님의 작정에 의한 것이라고 고백할 수 있다. 제비뽑기는 하나님의 뜻을 온전히 드러내는 반면, 선거는 사람의 의지가 작용하기 때문에 하나님의 뜻을 드러내지 않는다고 생각하는 것은 성경의 가르침과 다르다. 성경은 하나님께서 사람의 마음에 소원을 주시고 일을 행하신다고 기록하고 있기 때문이다(빌 2:13).

더 나아가 제비뽑기가 하나님의 뜻을 항상 바르게 나타냈다고 볼 수 없다. 우리는 그 예를 사무엘상 14장에서 찾아볼 수 있다. 사울 왕은 블레셋과의 전투에서 승기를 잡은 뒤, 계속해서 블레셋을 추격하여 진멸하기를 원했다. 제사장의 권면에 따라 추격할지의 여부를 하나님께 물었지만 하나님은 아무런 응답도 하지 않으셨다. 사울 왕은 하나님께서 응답하시지 않는 이유가 이스라엘 가운데 죄가 있기 때문이라 생각하여, 제비뽑기를 통해 그 죄가 누구에게 있는지 밝혔다. 그때 뽑힌 사람이 요나단이었다(삼상 14:36-42).

하지만 요나단에게 죄가 있던 것은 아니었다. 첫째, 사울이 백성에게 금

179

식의 맹세를 시킬 때 요나단은 그 자리에 있지 않았다. 둘째, 하나님은 요나단과 함께하셔서 블레셋과의 전투를 승리로 이끄셨다. 셋째, 사울은 백성들의 만류로 요나단을 죽이지 않았는데, 그때 하나님은 어떠한 진노도 내리시지 않았다. 사울은 엉뚱한 사람을 죄인으로 뽑은 것이다. 제비뽑기는 하나님께서 함께하시지 않을 때 잘못된 결과를 가져올 수 있고, 하나님의 뜻을 매번 온전히 드러내는 방법도 아니다.

어떤 설교자는 제비뽑기로 가룟 유다 대신에 맛디아를 뽑은 것도 잘못된 선출이었다고 분석한다. 하나님께서 가룟 유다를 대신할 사도로 바울을 예비해 두셨는데, 예루살렘 교회가 섣불리 제비뽑기를 통해서 맛디아를 선출했다는 것이다. 아니나 다를까, 맛디아는 그 이후로 어떤 활약도 보이지 않는다. 물론 나는 이러한 분석이 완전히 바른 해석이라고 생각하지는 않는다. 가능성이 있는 해석일 뿐이다. 하지만 요나단의 경우는 잘못된 제비뽑기였음이 분명하다.

제비뽑기가 하나님의 뜻을 온전히 나타낸 경우는, 하나님께서 자신의 뜻을 나타내기로 작정하셨을 때뿐이었다. 물론 제비뽑기가 넓은 의미에서 하나님의 주권과 아예 무관하다고 할 수는 없다. 세상의 모든 일들은 하나님의 주권하에 이루어지는 법이니까 말이다. 하지만 하나님은 제비뽑기에 매여 계시는 분이 아니다. 제비뽑기가 유일한 성경적 방법이라고 말한다면, 제비를 뽑는 것 자체가 하나님의 뜻이 드러나는 것이라고 말하는 셈이다. 결과적으로 하나님의 뜻을 제비뽑기에 종속시켜 버리는 것이다. 하지만 하나님은 특정한 방식에 종속되시는 분이 결코 아니다.

또한 하나님께서 허용하시지 않았는데 제비뽑기를 무분별하게 사용하는 것은 미신적인 행위가 될 수 있다. 마치 침을 뱉어서 침이 튀는 방향으로 가겠다고 하는 어리석은 일과 다름없다. 언약궤를 가지고 가면 하나님께서 무조건 전쟁에서 이기게 해주시는 것이 아닌 것과 마찬가지이다(삼상 4:1-11).

직선제 선거를 시행할 때 금권 타락 선거의 양상들이 있을 수 있다. 하지만 그것은 인간의 죄성 때문이지, 직선제가 하나님의 뜻을 드러낼 수 없는 비성경적인 제도이기 때문은 아니다. 우리는 지난 13년간 제비뽑기 방식을 통해 총회 임원을 선출하는 일을 해왔다. 그렇게 할 수밖에 없었던 이유는 타락한 우리의 모습 때문이었다. 제비뽑기는 그러한 면에서 그동안 부조리들을 잠재운 공로가 있다. 하지만 이제는 우리 스스로가 더욱 성숙해져야 한다。

우리는 걸음마를 배우는
아기처럼 종종 넘어진다

신약성경은 본래 헬라어로 기록되어 있다. 헬라어가 가지고 있는 독특성을 제대로 이해하면 성경을 이해하는 데 큰 도움이 된다. 한국어로 번역된 성경에는 헬라어 원문의 특징을 제대로 반영하지 않은 경우가 종종 있기 때문이다. 그중 하나가 요한일서 5장 18절이다. 한국어 성경은 이렇게 번역하고 있다. "하나님께로부터 난 자는 다 범죄하지 아니하는 줄을 우리가 아노라 하나님께로부터 나신 자가 그를 지키시매 악한 자가 그를 만지지도 못하느니라."

이 말씀은 마치 하나님께로서 난 자들(중생한 사람)은 더 이상 죄를 짓지 않는다는 말처럼 들린다. 역으로 말해서, 혹시라도 죄를 짓는다면 그 사람은 하나님께로부터 난 자가 아니며, 구원받지 못한 성도라고 생각하게 만든다. 이 구절의 후반부는 이러한 생각을 더욱 강화시킨다. 하나님께로부터 나신 자가 성도들을 지키기 때문에 악한 자가 성도를 만지지도 못한 다는 것이다.

하지만 우리는 실생활에서 매일 죄를 짓고 있다. 믿음이 성숙한 성도는 다른 사람들에 비해 비교적 죄를 덜 지을 수는 있겠지만, 결코 죄를 짓는 것에서 자유로울 수는 없다. 그러므로 우리는 요한일서 5장 18절의 말씀이 잘못된 선언이라고 생각하든지, 아니면 우리가 아직 참된 그리스도인이 아니라고 생각하기 쉽다.

이단으로 판정받은 어떤 교파에서는 이 구절을 들이밀면서 (1) 구원받은 성도는 더 이상 죄인이라 부르면 안 되고 (2) 구원받은 성도는 더 이상 죄를 지을 수 없으며 (3) 만일 여전히 죄를 짓고 있는 죄인이라면 구원받은 자가 아니고 (4) 구원을 받은 자가 행하는 일은 다른 사람들이 보기에 죄처럼 보일지 몰라도 결코 죄라고 간주할 수 없다고 주장한다.

하지만 요한일서의 말씀은 중생한 성도가 결코 죄를 지을 수 없다는 의미가 아니다. 헬라어의 경우, 어떤 형태의 동사는 '계속'의 의미를 지닌다. 바로 요한일서 5장 18절에서 사용된 동사가 그런 경우이다. 따라서 이 구절의 의미를 헬라어 원문의 뉘앙스를 제대로 살려서 번역한다면, "하나님께로부터 난 자는 다 '계속해서' 범죄하지 아니하는 줄을 우리가 아노라"가 된다. 즉 중생한 사람이 어쩌다가 죄를 범할 수는 있겠지만, 계속해서 의도적으로 악한 죄를 범할 수는 없다는 의미인 것이다.

우리가 하나님 앞에 서는 그날이 오기 전에는 실수하거나 죄를 지으며 살 수밖에 없다. 만일 우리에게 죄가 없다고 한다면 스스로를 속이는 일이 될 것이다(요일 1:8). 물론 예수 그리스도를 믿어 새로운 사람으로 태어날 때, 우리는 '죄인'에서 '의인'으로 변화된다. 이미 하나님의 자녀로 부름받은 것이다. 하지만 갓난아기가 자라고 성장해야 하는 것처럼, 우리의 신앙 인격도 날로 성숙해야 한다. 사도 바울은 고린도 교인들이 여전히 신앙적으로 초보 단계에 머물러 있기 때문에 "그리스도 안에서 어린아이들"과 같이 대우한다고 한 바 있다(고전 3:1). 고린도 교인들 또한 하나님 나라를 유업으로 받을 의인이 되었지만, 여전히 신앙적으로 성숙해 나가야 할 존재였던 것이다.

성화(聖化)의 과정 중에 있는 우리는 모두 완벽하지 않으며, 여전히 죄를 지을 수 있다. 하나님은 우리를 그리스도의 공로로 구원받을 의인으로 인정하시지만, 우리는 여전히 걸음마를 걷다가 넘어지는 아기처럼 종종 넘어진다. 하지만 그 사실 때문에 우리가 구원받을 자격이 없다고 생각하거나, 반대로 극단적인 이단 종파처럼 뻔뻔스럽게 우리의 의를 드러낼 필요는 없다.

어거스틴은 일찍이 죄와 관련하여 이중적인 경고를 한 바 있다. 그것은 우리의 죄가 너무 커서 하나님께 용서받을 수 없다고 생각하지 말라는 것과, 어차피 하나님께 용서받았으니 마음대로 죄를 지어도 좋다는 생각을 버리라는 권고이다. 본래, 전자는 그리스도의 보혈의 공로가 그 어떤 죄악도 용서받게 할 수 있다는 뜻이고, 후자는 용서받은 그리스도인이 그 용서를 오용하지 말 것을 권고하는 것이다。

우리는 긍정적인 의미에서
하나님의 종이 되어야 한다

예레미야 25장은 유다의 모든 백성과 예루살렘의 모든 주민에게 주시는 하나님의 예언의 말씀이다. 예레미야 선지자는 앞으로 70년간 바벨론의 지배를 받게 될 것이라고 예언한다(11절). 하나님께서 선지자들을 보내어 순종을 촉구했지만, 하나님의 백성들은 그 말씀을 듣지 않았기 때문이다 (3-7절). 이렇게 예언하는 가운데 하나님은 바벨론 왕을 가리켜 "내 종 바벨론의 왕"(9절)이라고 부르셨다.

우리가 잘 아는 대로 바벨론은 하나님 나라를 대적하는 세력을 나타내는 대표적 존재이다(계 17:5; 18:2, 10). 그런데 하나님께서 바벨론 왕을 가리켜 '나의 종'이라고 부르시는 것이 놀랍다. 정말로 하나님은 악인도 종으로 삼으셔서 사용하시는가? 그렇다면 하나님께서 악인을 부리신 후에, 그 악을 책망하고 심판하시는 것이 정당한가라는 문제에 직면하게 된다.

성경을 해석할 때는 어떤 의미로 단어나 표현을 사용하고 있는지 분석할 필요가 있다. 예를 들어 '하나님은 나의 반석'이라고 할 때, 하나님은 반석처럼 든든한 분이라는 의미이지, 바위처럼 무뚝뚝하다는 의미에서 사용된 것이 아니다. 이와 마찬가지로 '나의 종'이라는 표현도 유다와 이스라엘의 잘못을 책망하기 위해 베벨론 나라를 사용하신다는 의미로 보아야 맞다. 바벨론은 이스라엘 민족을 책망하는 하나님의 도구 혹은 하나님의 사자로서의 역할을 하는 것이다.

바벨론을 하나님의 종이라고 표현하는 것은 하나님께서 모세를 "내 종"(민 12:7, 8)이라고 불렀던 것과는 다른 차원이다. 바벨론은 하나님의 종이라고 자부심을 가질 수 있는 처지가 아니다. 실제로 그들은 너무나 악한 민족이었고, 하나님의 심판을 받아 마땅한 민족이었다. 그럼에도 불구하고 바벨론은 '하나님께서 이스라엘 민족을 징계하는 일에 사용하시는' 극히 제한적인 의미에서의 '하나님의 종'이었던 것이다.

이러한 사실 때문에, 가룟 유다를 예수님의 십자가 사건을 통한 인류의 구원을 이루는 일에 지대한 공헌을 한 하나님의 종이라고 말할 수 없는 것이다. 물론 빌라도 총독이나 가룟 유다나 당시의 제사장들은 예수님을 십자가에 못 박는 일에 사용된 사람들이다. 하지만 그들은 긍정적인 의미에서의 하나님의 종은 아니었다.

우리는 교회를 어지럽히는 무리들을 종종 만난다. 목사의 잘못을 비방하거나, 교회의 여러 가지 문제들을 꼬집어내어 교회를 어지럽히는 이들이 종종 있다. 이들 중에는 순수한 마음을 가진 사람들도 있지만, 기독교에 대한 악감을 가지고 행동하는 안티 그리스도인들도 있다. 물론 이들이 있음으로 말미암아 교회가 좀더 정신을 차리고 본질로 돌아가게 되는 결과를 가져오기도 한다. 그런 점에서 그들이 하나님의 종의 기능을 했다고 볼 수도 있다. 하지만 그들은 긍정적인 의미에서 하나님의 종이라고 할 수는 없다. 그들이 어떤 포장으로 자신을 정당화하든지 말이다.

우리는 긍정적인 의미에서 하나님의 종이 되어야 한다. 예수님은 가룟 유다를 향해서 이렇게 말씀하셨다. "인자는 자기에 대하여 기록된 대로 가거니와 인자를 파는 그 사람에게는 화가 있으리로다 그 사람은 차라리 태어나지 아니하였더라면 제게 좋을 뻔하였느니라"(마 26:24)。

해와 달아
그를 찬양하며
밝은 별들아
다 그를 찬양할지어다

시편 148편은 이렇게 노래한다. "해와 달아 그(하나님)를 찬양하며 밝은 별들아 다 그(하나님)를 찬양할지어다." 그런데 해와 달과 별들은 어떻게 하나님을 찬양할 수 있을까? 이 말씀은 해와 달과 별들이 사람처럼 가사와 곡조가 있는 음악으로 하나님을 찬양함을 의미하지 않는다. 무생물이기 때문에 그렇게 하는 것은 가능하지 않다. 오히려 이 말은 해와 달과 별들이 각자 가지고 있는 사명에 충실함으로써 하나님의 선하고 오묘하심을 드러낼 수 있다는 말이다. 해는 매일 아침 동쪽에서 떠올라 온 세상을 비추고 햇빛을 통해 식물을 자라게 함으로써 그 해를 만드신 하나님을 바라보게 한다.

오늘 우리는 아름다운 음악회를 갖는다. 음악으로 하나님을 찬양할 때 반드시 성가곡을 불러야 하는 것은 아니다. 물론 하나님을 찬양하는 가사를 음미하며 하나님의 사랑과 은혜를 더욱 깊이 깨달을 수 있을 것이다. 하지만 성가곡이 아닌, 클래식이나 가곡 같은 다양한 음악을 통해서도 하나님을 찬양할 수 있다. 음악의 아름다움을 느끼게 될 때, 우리는 음악을 가능하게 하신 하나님을 바라보게 될 것이다.

아름다움의 창조자는 하나님이시다. 오늘의 음악회에서, 하나님께서 창조하신 음악의 아름다움을 느낄 수 있기를 기대한다. 그리고 우리가 천국에서 더욱 완벽한 선율과 화음을 통해 하나님의 아름다우심을 누릴 그날을 소망한다.

"내가 하늘에서 나는 소리를 들으니 많은 물소리와도 같고 큰 우렛소리와도 같은데 내가 들은 소리는 거문고 타는 자들이 그 거문고를 타는 것 같더라 그들이 보좌 앞과 네 생물과 장로들 앞에서 새 노래를 부르니 땅에서 속량함을 받은 십사만 사천밖에는 능히 이 노래를 배울 자가 없더라"(계 14:2-3).

나오는 글

내가 서 있는 길에 대한 질문을 던지다

지난 몇 년간 틈틈이 써오던 글을 책으로 펴내게 되었습니다. 이 글을 쓰는 동안 누구보다 저 자신에게 많은 유익이 있었습니다. 글을 쓰면서 피상적인 것들 이면에 있는 근본적인 것에 대해 고민할 수 있었고, 우리들이 걸어온 길이 과연 옳은 길인지에 대해 질문을 던져 보았습니다. 놀랍게도 우리가 행하는 대부분의 것들은 비성서적인 것들이었습니다. 철저하게 신앙생활을 한다고 생각했던 바리새인들의 신앙과 습관이 사실은 하나님께서 전혀 원하시지 않는 일이었던 것처럼 말입니다.

사탄은 대단한 전략가이어서, 우리가 날마다 스스로를 성경에 비추어 개혁하지 않으면 우리를 무감각하게 만들어 타락시킵니다. 냄비 안의 개구리가 튀어나가지 않게 물의 온도를 서서히 올리듯, 사탄은 우리를 무감각하게 만들어 타락의 길로 이끄는 것입니다. 철저한 자기반성 없는 전통은 아무리 성경적이고 선한 의도에서 출발한 것이라 할지라도 결국 악마적일 수밖에 없는 이유가 여기에 있습니다. 이 책은 일상을 경험하면서 그 속에서 내가 서 있는 길이 성서적인 길인지 질문을 던지는 책입니다.

글이라는 구슬을 꿰어 멋진 책으로 만들어 준 홍성사 편집부와 추천사를 써주신 선배 및 후배 동역자님께 감사를 드립니다. 글을 읽고 공감해 주거나 날카로운 비판으로 더욱 정교하게 글을 다듬게 만들어 준 친구들 그리고 사랑으로 많은 힘이 되어 준 교회 성도님들께도 감사를 전합니다. 마지막으로 지난 4반세기 동안 나의 신실한 동반자가 되어 준 현숙한 아내 최유선 사모에게 감사의 마음을 전합니다.

2015년 11월 대구에서

이국진

사람이 여물어
교회가 꽃피다

Integrity over Excellency

2015. 11. 25. 초판 1쇄 인쇄
2015. 11. 30. 초판 1쇄 발행

지은이 이국진
펴낸이 정애주
국효숙 김기민 김의연 김일영 김준표 박세정
박혜민 송승호 오민택 오형탁 윤진숙 이한별
임승철 정성혜 조주영 차길환 한미영 허은
펴낸곳 주식회사 홍성사
등록번호 제1-449호 1977. 8. 1.
주소 (04084) 서울시 마포구 양화진4길 3
전화 02) 333-5161
팩스 02) 333-5165
홈페이지 www.hsbooks.com
이메일 hsbooks@hsbooks.com
트위터 twitter.com/hongsungsa
페이스북 facebook.com/hongsungsa
양화진책방 02) 333-5163

ISBN 978-89-365-0332-1 (03230)